bis

Warszawa 2016

# Breslau

1. Fürstenschule
2. Jahrhunderthalle
3. Warenhaus Gebrüder Barasch
4. Breslau Hauptbahnhof
5. Rathaus der Ring
6. Markthalle I
7. Etablissement Wilhelmshafen
8. Neue Synagoge Schweidnitzer
9. Synagoge Weißer Storch
10. Blücherplatz
11. Alte Ohle
12. Sandkirche, Marienkirche auf dem Sand Neue
13. Ausstellungsgebaude

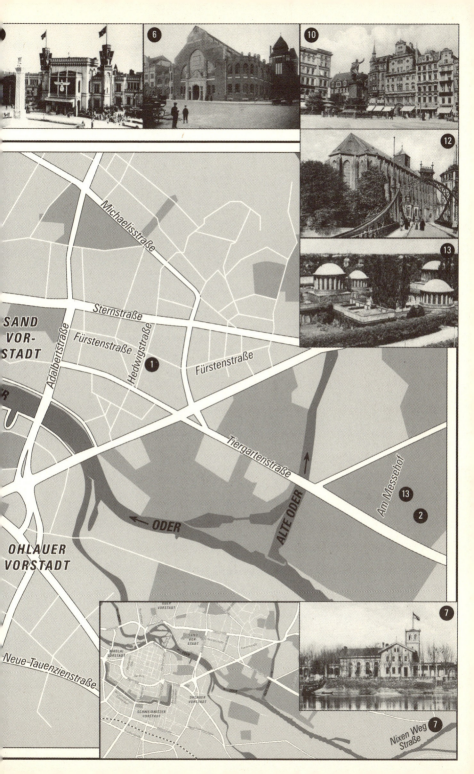

Projekt okładki: *Elżbieta Chojna*

Copyright © Magdalena Zarębska
Copyright © Wydawnictwo BIS 2016

ISBN 978-83-7551-470-4

Wydawnictwo BIS
ul. Lędzka 44a
01–446 Warszawa
tel. 22 877-27-05, 22 877-40-33; fax 22 837-10-84

e–mail: bisbis@wydawnictwobis.com.pl
www.wydawnictwobis.com.pl

*Dla moich Córek*

Wieczorem zaczął padać deszcz. Kiedy następnego dnia wyszłam z domu, całe miasto skrywała gęsta mgła. Trudno było rozpoznać, gdzie kończy się ziemia, a gdzie zaczyna niebo. Poruszałam się po omacku, błądząc w mlecznej wilgoci. Nawet światło lamp ulicznych nie mogło przebić się przez zawiesiste opary, rozpraszało się niemal pod samym kloszem. Kiedy przechodziłam przez ulicę, rozglądałam się ostrożnie, rozpędzone samochody pojawiały się przede mną zupełnie nieoczekiwanie. Omal nie spóźniłam się na pierwszą lekcję.

Nie tylko ja miałam problem z dotarciem na czas. Inni też wślizgiwali się chyłkiem do klasy, pospiesznie zajmowali swoje miejsca. Wszyscy byli rozkojarzeni, nawet nauczycielka zapomniała sprawdzić listę obecności, od razu przeszła do tematu lekcji.

Próbowałam podążać za tokiem wykładu, posłusznie robiłam notatki w zeszycie. Miałam jednak wrażenie, że pomiędzy mną a polonistką rozciąga się ogromna przepaść, bo sens jej słów docierał do mnie ze sporym opóźnieniem. Odetchnęłam z ulgą, kiedy wreszcie rozległ się dzwonek. Nie potrafiłam nawet zmusić się do tego, żeby szybko spakować rzeczy do plecaka, chociaż kolejna lekcja zaczynała się już za pięć minut.

Dopiero kiedy wyszłam na korytarz i zobaczyłam Leona stojącego przy krużganku, uświadomiłam sobie, że nie było go na pierwszej lekcji.

– Co się stało? – pierwsza spytała Olga.

– Zaspałeś! – odkrywczo stwierdził Adam.

– Miałeś szczęście, nie sprawdzała obecności! – ożywiła się Ada.

Zdawało się, że Leon nie do końca rozumie, o czym mówimy.

– Znalazłem fantastyczne miejsce na nasze spotkania! – uciszył nas ogromnie podekscytowany.

– Gdzie?

– Tutaj? W szkole?

– W tym budynku. W sam raz na spotkania po lekcjach.

– Ekstra!

Leon był jak zwykle małomówny i zanim udało mu się sformułować kolejne zdanie, zadzwonił dzwonek.

– Później wam powiem! – rzucił i pobiegliśmy na biologię.

Męczyliśmy go na każdej przerwie, próbowaliśmy dowiedzieć się czegoś więcej. Niestety, tłumaczył tak zawile, że za nic nie mogliśmy sobie przypomnieć, gdzie znajduje się nieużywane wejście do szkoły.

Wreszcie, kiedy ostatnia lekcja dobiegła końca, zbiegliśmy po schodach i wypadliśmy na dwór. Leon bez słowa wyszedł na ulicę, a potem prowadził nas wzdłuż płotu, którym ogrodzony jest budynek szkoły.

– No i gdzie jest to twoje ekstramiejsce? – niecierpliwił się Maks.

– Zobaczcie, tu są jakieś drzwi! – zauważyła Ada.

– A tam jeszcze jedne – wtrącił Adam. – Widać, że nikt ich nie używa od wielu lat.

– Rano trochę się pogubiłem – odezwał się Leon, jakby nas wcale nie słuchał. – A potem musiałem się spieszyć. Biegłem ulicą, kiedy nagle zauważyłem, że do szkoły można wejść również od strony Reja. Byłem pewien, że tymi drzwiami dostanę się na szkolny korytarz. Wtedy odkryłem to!

Zatrzymał się, a my stłoczyliśmy się za jego plecami. Pomalowane na brązowy kolor drewniane drzwi wyglądały niemal identycznie jak te, którymi codziennie wchodziliśmy do szkoły.

– Nie zauważyłeś tabliczki? – zapytał kpiąco Maks.

Jedynie Leon mógł być tak rozkojarzony.

– *Wejście do Gimnazjum numer 13 znajduje się od strony ulicy Grunwaldzkiej* – przeczytałam.

– Chodźcie do środka! – Leon nacisnął klamkę.

Znaleźliśmy się w niewielkim przedsionku. Panował w nim półmrok, światło wpadało jedynie przez wąską szybkę znajdującą się nad drzwiami. W nielicznych promieniach słońca wirował kurz, pajęczyny oplatały wszystkie kąty. Kamienna posadzka prowadziła na schody wiodące do wnętrza budynku. Po tej stronie zostały tylko cztery stopnie, wyżej znajdowała się ściana.

– Wciąż widać ślad po drzwiach! – zauważył Maks i odrysował w powietrzu prostokąt jaśniejszego tynku. Chwilę później zaczął kichać i pocierać załzawione oczy, był uczulony na kurz.

Czym prędzej wyszedł na ulicę, a my włączyliśmy latarki w telefonach, żeby przyjrzeć się dokładniej pomieszczeniu. Na schodach leżało mnóstwo książek, a o ściany opierały się ciasno zwinięte rulony.

– Strasznie tu brudno! – wzdrygnęła się Olga. – Ohyda!

– To chyba jakiś składzik? Może na niepotrzebne szpargały?

– No właśnie, całkiem niepotrzebne i zupełnie zapomniane. – Adam przytaknął siostrze.

– Nikt tu od dawna nie zaglądał. – Sięgnęłam po pierwszą z brzegu książkę. – Łaa!

Dmuchnęłam na okładkę, a potem przetarłam ją dłonią, pozbywając się resztek kurzu. Tytuł i nazwisko autora zapisano ozdobnym pismem.

– Po niemiecku! Jak się nazywa ta czcionka?

– Gotyk – odpowiedział Maks głucho. Zdołał już zabezpieczyć się przed kurzem – naciągnął na głowę kaptur, a usta i nos ukrył w bandanie.

Teraz już wszyscy pochyliliśmy się nad książkami. Mimo upływu czasu wciąż były w dobrym stanie. Tylko niektóre miały lekko pożółkłe strony.

– Łeeee… To są podręczniki? – Olga się skrzywiła.

– Za to jakie porządne! – doceniła Ada. – Nasze rozwalają się już po kilku tygodniach.

– A jakie mają piękne ilustracje! – włączyłam się.

Rzeczywiście, rysunki były niezwykle precyzyjne. Czasami nawet dokładniejsze od fotografii we współczesnych podręcznikach.

– Ciekawe, ile to może być warte? – Maks w skupieniu przeglądał jakiś album.

– Pewnie całkiem sporo! Trzeba by się dowiedzieć w antykwariacie.

– Pomóżcie mi! – Adam uniósł jeden rulon i z trudem balansował z ciężkim płótnem.

Odłożyliśmy książki i ostrożnie rozwinęliśmy zwój. To była mapa.

– Deutsches Kaiserreich – sylabizował Leon.

– Breslau, rok 1906 – wczytałam się w legendę.

– Gdzie jest Polska? – zapytała znienacka Olga.

– Pamiętasz, że było coś takiego jak zabory? – przypomniał jej Adam.

– To było wieki temu! – odpowiedziała obrażona.

– Raptem sto lat temu – uściślił Leon. – Choć dla Wrocławia zabory nie miały żadnego znaczenia, wtedy to miasto należało do Niemiec.

– Pamiętacie tablicę, która wisi na korytarzu w szkole? Zaraz przy wejściu? – przypomniałam sobie. – Ten budynek został zbudowany jeszcze przed drugą wojną światową. Zawsze mieściła się w nim szkoła.

– Czyli to są podręczniki? Dla niemieckich uczniów?

– Ciekawe tylko, skąd się tutaj wzięły?

– Trzeba by ustalić, kiedy zamurowano przejście. – Maks przeskoczył zgrabnie ponad książkami i zbliżył się do ściany. – Mogli to zrobić zaraz po wojnie, ale równie dobrze mogli wpaść na ten pomysł kilka lat temu.

– Lepiej nikogo nie pytać! Zaraz zaczną interesować się tym miejscem! – zdenerwował się Adam.

– A mnie najbardziej interesuje, co kryje ten kufer. – Leon kucnął przed zakurzonym meblem.

Dopiero teraz zauważyliśmy sporą skrzynię, która stała tuż przy drzwiach. Była zrobiona z drewna, a boki wzmocniono metalowymi okuciami.

– Zamek zardzewiał. – Leon poświecił latarką do środka. – Brakuje też klucza, żeby go otworzyć.

– Może leży gdzieś za kufrem? – zasugerował Adam. – Spróbujmy go przesunąć.

Chłopcy chwycili za metalowe uchwyty przyczepione do boków skrzyni.

– O choroba! Ale ciężki!

Dołączyłyśmy do nich, ale i tak nie byliśmy w stanie przesunąć kufra nawet o milimetr.

– Co tam może być schowane? – Przesunęłam dłonią po wieku, szukając szczeliny, przez którą można by zajrzeć do środka.

– Może jakieś tajne dokumenty?

– Słuchajcie, jutro zaczynamy później lekcje. Przyjdziemy tu wcześnie rano i spróbujemy otworzyć kufer – zaproponował Maks.

– Przyniosę narzędzia! – zapalił się Leon.

– Hola, hola! Najpierw powinniśmy tu posprzątać! – zarządziła kategorycznie Olga. Od dłuższej już chwili próbowała doczyścić ręce za pomocą chusteczek higienicznych.

– Ta ilość kurzu jest rzeczywiście potworna. – Ada kichnęła, po czym odgarnęła włosy z twarzy, zostawiając na policzku ciemną smugę.

Spojrzeliśmy na siebie. Mundurki były szare od kurzu i pajęczyn, a ręce mieliśmy brudne aż po łokcie. Pył unoszący się w powietrzu drażnił oczy, wpychał się do nosów i gardeł. Jak na komendę zaczęliśmy kaszleć i ocierać mokre od łez policzki.

– Chcecie żelka? – Sięgnęłam do kieszeni.

Zawsze noszę je przy sobie, świetnie nawilżają moje przesuszone gardło.

– Ten jeden jedyny raz przyznam wam rację, dziewczyny – odezwał się Adam. – Musimy tu posprzątać.

– Ej no! – zaprotestowałyśmy błyskawicznie.

– Inaczej nie będę mógł tu przychodzić – przytaknął Maks.

– Umawiamy się o wpół do ósmej. Niech każdy przyniesie jakieś ścierki, ale przede wszystkim potrzebna będzie ciepła woda z płynem do mycia. Najlepiej w dużych plastikowych butelkach – zarządziła Olga.

Jeśli chodzi o sprzątanie, była prawdziwą ekspertką. Tak samo jak jej mama.

– Tak jest, pani kierownik! A teraz już chodźmy, wszystko zaczyna mnie swędzieć! – poganiała Ada.

Nagle coś mnie tknęło i zatrzymałam się w pół kroku.

– Szkoda, że nie możemy zamknąć tych drzwi. Teraz każdy może tutaj wejść...

– A właśnie że możemy! – Adam stanął na palcach i zdjął klucz z gwoździa wbitego w ścianę. – Żeby tylko pasował!

Mieliśmy szczęście, bo klucz gładko przekręcił się w zamku, jakby ktoś regularnie konserwował mechanizm.

Wyszliśmy już na ulicę, ale wciąż nie mogliśmy się rozstać.

– Nie mogę uwierzyć, że znalazłeś takie świetne miejsce! – Spojrzałam z wdzięcznością na Leona, a on nie wiadomo dlaczego się zaczerwienił.

– Po prostu fantastyczne! – dodała Ada.

– Będę mógł w nim zostawiać strój na treningi – cieszył się Adam.

Tylko Olga się nie odzywała. Od dłuższej chwili przetrząsała plecak, wreszcie z triumfalną miną wyciągnęła żel do mycia rąk bez wody.

– Przynajmniej tyle mogę zrobić – gderała, spryskując dłonie. – Nie znoszę być taka brudna!

– To jeszcze nic! Leon, masz pajęczynę we włosach! – roześmiałam się.

– Za chwilę zaczyna się trening. – Maks zwrócił się do Adama, a Ada zerknęła na zegarek.

– Muszę pędzić na autobus!

– Kto weźmie klucz? – zapytał na odchodne Leon.

– Ja – postanowiłam. – Postaram się dorobić kopie dla wszystkich. Na mojej ulicy znajduje się taki punkt.

– Świetnie, Natalia! – Olga pociągnęła mnie za sobą. – Nie przeciągaj, proszę! Marzę tylko o tym, żeby zdjąć z siebie te zakurzone ciuchy!

Rozstałyśmy się pod jej domem. Mieszkałyśmy przy tej samej ulicy, tyle że ja miałam dalej do szkoły. Od razu poszłam do punktu dorabiania kluczy, nie lubię niczego odkładać na później.

Ślusarz długo oglądał klucz, podziwiał precyzyjne nacięcia i ząbki.

– Misterna robota. – Podrapał się po głowie. – Niemiecka jakość.

– Skąd pan wie? – spytałam zaintrygowana.

– Nikt już nie używa takich stopów! – roześmiał się. – Kiedy mój ojciec przyjechał tu po wojnie, zatrudnił się w zakładzie ślusarskim. Pracował na niemieckich maszynach, innych przecież nie było. Miał mnóstwo pracy, ludzie wymieniali zamki, dorabiali klucze do poniemieckich mieszkań. Zresztą do dzisiaj używam niemieckiego imadła, nadal jest sprawne – dopowiedział z dumą.

– Niesamowita historia! – Uśmiechnęłam się. – Bo ja właśnie potrzebuję kopii tego niemieckiego klucza!

– To nie będzie takie proste. Przyjdź do mnie w przyszłym tygodniu. Muszę odnaleźć karton ze starymi materiałami. Bez nich niczego nie zrobię.

Weszłam do domu zupełnie wytrącona z równowagi. Poniemieckie maszyny, przedwojenne materiały... Dla ślusarza to było zupełnie normalne. Ja dopiero teraz przypomniałam sobie o niemieckiej przeszłości mojego miasta. Przeszłości ciągle mającej wpływ na rzeczywistość, w której żyję. Choćby ten przedsionek i szkoła, w której uczyły się całe pokolenia niemieckich uczniów. Korzystali z tych samych klas, chodzili po korytarzach, biegali po schodach... Teraz my zajęliśmy ich miejsce.

Następnego poranka wzięłam ze sobą całą torbę wyładowaną środkami czystości. Po drodze spotkałam Olgę. Trzymała w ręce plastikowe wiaderko i wyglądała na bardzo nieszczęśliwą.

– Żenada! – wyjęczała. – Mam nadzieję, że nikt mnie z tym wiadrem nie zobaczy.

– Ale masz problem! – wyśmiałam ją.

– Chodźmy szybciej – poganiała. – To mnie naprawdę upokarza!

Chwilę później byłyśmy już przed szkołą. Zanim otworzyłam przedsionek, dołączyli do nas Leon i Maks, a potem Ada z Adamem.

Ochoczo zabraliśmy się do pracy. Chłopcy pościągali pajęczyny, a my odkurzyłyśmy wszystkie kąty. Przetarliśmy okładki książek suchą ścierką i ułożyliśmy je z powrotem na czystych już stopniach. Na koniec umyliśmy podłogę. Wreszcie w przedsionku było czysto i schludnie.

– Po prostu przepięknie! – podziwialiśmy efekty naszej pracy, tylko Olga ze zgrozą wpatrywała się w swoje dłonie.

– Możemy przynieść tu jakieś koce i poduszki – powiedziałam. – Będzie przytulniej.

– Przyniosę pled, którego nie używamy. Według mojej mamy ma obrzydliwy kolor. – Olga wcierała w ręce grubą warstwę kremu.

– U nas też są jakieś niepotrzebne koce, prawda Ada? – zastanawiał się Adam.

– Przydałaby się też latarka, nie tylko w telefonie. Nie ma tu żadnego oświetlenia, a niedługo zacznie się szybciej ściemniać.

W tej samej chwili Leon cicho zaklął, bo śrubokręt wypadł mu z ręki.

– Nie dam rady temu zamkowi! – pieklił się.

Nikt nawet nie zauważył, że od dłuższej chwili próbował otworzyć kufer.

– Może jednak poszukajmy klucza? – zaproponował Adam.

– Przecież wszystko przejrzeliśmy. Gdzie mógł się ukryć?

– Pod skrzynią? – Adam klęczał już na podłodze.

– Później się tym zajmiemy – Ada przytomnie spojrzała na zegarek. – Teraz musimy już lecieć na lekcje.

– Ale najpierw pójdziemy do łazienki. – Olga zlustrowała nas krytycznym wzrokiem. – Musimy się doprowadzić do porządku!

– Oczywiście, mamo! – Maks zasalutował posłusznie. – Dawno już nikt mnie tak nie pilnował!

Przez cały dzień rozmawialiśmy tylko o przedsionku.

– Przydałaby się jakaś impreza na otwarcie – zażartował Leon, a Olga ten pomysł błyskawicznie podchwyciła.

– Jeej! Urządzimy przyjęcie!

– Tylko kiedy? Dzisiaj siedzimy w szkole do późna.

– Jutro mam kółko biologiczne – przypomniała sobie Ada.

– Może w piątek? Nie macie dodatkowych zajęć?

– Ja jestem wolny!

– Ja też!

– Jestem za!

– Niech każdy przyniesie coś dobrego do jedzenia – zaproponował Adam, a wszyscy mu przytaknęli.

Miałam doskonały humor. Nawet niezapowiedziana kartkówka z angielskiego nie mogła mi go popsuć. Znaleźliśmy fantastyczne miejsce tylko dla siebie. Nie mogłam się doczekać piątku.

W drodze do szkoły znów spotkałam Olgę. Tym razem dźwigała torbę wypchaną pledem i dwa jaśki.

– Pomożesz mi? – wysapała.

– Twoja mama naprawdę nie będzie miała nic przeciwko? – Ruchem głowy wskazałam poduszki w zdobionych poszewkach i chwyciłam za torbę.

– Coś ty! Od dawna są już niemodne! – prychnęła lekceważąco.

– Nie miałam pojęcia, że wzory pościeli się zmieniają! – roześmiałam się.

– No jasne! – fuknęła. – Wystarczy zajrzeć do jakiegokolwiek magazynu o dekoracji wnętrz!

Od kiedy pamiętam, Olga pasjonowała się modą. Oglądała pokazy wielkich projektantów i była na bieżąco z najnowszymi trendami. Nie sądziłam jednak, że jej zainteresowania są tak szerokie.

Przy wejściu do przedsionka spotkałyśmy Maksa, który też przyniósł ze sobą koc. Wnieśliśmy wszystko do środka, a Maks wyciągnął z plecaka litrową colę i kilka paczek chipsów.

– To na imprezę – powiedział, bardzo z siebie zadowolony.

– Ja na pewno tego nie zjem – skomentowała z przekąsem Olga.

– Nie musisz – uspokoił ją Maks.

– Nawet nie chcę – przekomarzała się z nim.

– Chodźcie, bo się spóźnimy – zakończyłam bezsensowną dyskusję i zamknęłam drzwi na klucz.

Na niemieckim nauczycielka rozdała nam poprawione sprawdziany. Całkiem nieźle nam poszło, wszyscy dostali dobre oceny.

– Widzę, że od początku wzięliście do pracy – powiedziała germanistka z satysfakcją. – Nauka języka obcego nie jest prosta, ale właściwe podejście to połowa sukcesu!

W tej samej chwili pomyślałam, że ona naprawdę może mieć rację. Zapał do nauki niemieckiego nie wziął się znikąd, zwłaszcza że wcześniej za tym językiem nie przepadałam. Nagle nie miałam najmniejszego problemu z uczeniem się słówek. Mogłam zrozumieć moją motywację – kusiły mnie te przedwojenne podręczniki, miałam ochotę je przeczytać albo przynajmniej przejrzeć ze zrozumieniem. Ale co wpłynęło na Olgę, która nie przepadała za czytaniem? Czy dostęp do jednego niewielkiego przedsionka mógł zmienić nasze nastawienie do nauki niemieckiego?

To byłoby naprawdę niesamowite.

Wybiegliśmy ze szkoły równo z dzwonkiem. W biegu wyciągnęłam klucz z kieszeni i szybko otworzyłam drzwi. W przedsionku pachniało starymi książkami.

– Uwielbiam ten zapach! – Ada z przyjemnością wciągnęła powietrze.

– To co? Zaczynamy? – Adam wyciągnął z plecaka paczkę ciastek.

– Nie tak prędko! Najpierw musimy zrobić miejsce do siedzenia – dyrygowała Olga. – Położymy koce na stopniach. Przełóżcie książki pod ściany!

– Chciałabym je wszystkie przejrzeć. – Pogłaskałam z czułością okładkę podręcznika do matematyki.

– Też masz pomysły! – Olga parsknęła śmiechem.

— A to co takiego? — Leon podniósł stos, spomiędzy którego wysunął się niepozorny czarny notes i spadł na podłogę.

Ada podniosła go i otworzyła na pierwszej stronie. Widniał tam odręczny napis:

### Hugo Harnisch
### TAGEBUCH

— Co to jest? — Stłoczyliśmy się wokół Ady.
— To chyba jakiś dziennik?
— Albo pamiętnik?

Na kolejnej stronie znajdował się pierwszy wpis opatrzony datą 10 września 1945 roku. Tekst napisano po niemiecku wyraźnym, czytelnym pismem.

— Skąd wziął się Niemiec w powojennym Wrocławiu? — zdziwił się Adam.

— Myślałem, że po wojnie byli tu sami Polacy — nie krył zaskoczenia Maks.

— Pewnie pisze o tym w pamiętniku! — Byłam bardzo podekscytowana. Pochyliliśmy się nad pierwszym zdaniem i w skupieniu literowaliśmy słowa.

— Bez słownika nie damy rady! — westchnął Leon.

— Zrobił sześć wpisów, potem pamiętnik się urywa. — Ada w skupieniu przeglądała notes.

– Akurat po jednym! Dla każdego z nas – podchwyciłam.

– Powinniśmy je przetłumaczyć!

– Trzeba by je skserować! – zapalił się Leon.

– Chwila moment! – Olga zareagowała, kiedy byliśmy już przy drzwiach. – Jesteście pewni, że chcecie się w to bawić? Wiecie, ile to roboty?

– Olga, daj spokój! Przecież to fantastyczne!

– Pamiętnik z przeszłości! Może dowiemy się czegoś ciekawego?

– Pewnie! To będzie z pewnością fas-cy-nu-ją-ce! – Skrzywiła się.

– Powinniśmy przynajmniej spróbować – poparł Maks.

– To co? Od razu idziemy na ksero czy jednak zjemy te słodycze?

– Szkoda, żeby się zmarnowały… – Adam już rozrywał celofan na ciastkach.

To była najkrótsza impreza, na jakiej w życiu byłam. Trwała może dziesięć minut. Chłopaki błyskawicznie rozprawili się ze słodyczami. Dobrze, że załapałam się choć na jedną mufinkę.

– Idziemy? – naciskał Leon, ale Olga znów zaczęła marudzić.

– Zobaczcie, jaki tu syf! Najpierw musimy posprzątać. – Spojrzała na nas groźnie.

– Odpuść, Olga! – Maks z jękiem wypuścił powietrze z płuc.

– Nie ma mowy!

– Powinnaś raczej zaprzyjaźnić się z moją matką, nie ze mną – psioczył pod nosem, ale posłusznie zebrał śmieci z podłogi.

Dopiero kiedy wszystkie okruszki zostały zamiecione, pozwoliła nam wyjść. Zamknęłam drzwi i dwa razy sprawdziłam, czy na pewno są dobrze zamknięte.

– Możesz mi dać klucz? – zapytał Leon. – Jutro mam zajęcia na politechnice, chciałbym zostawić w przedsionku rower.

– No to masz problem, bo ja potrzebuję tego klucza w poniedziałek rano – włączył się Maks. – Muszę gdzieś zostawić gitarę.

– Po co ci gitara w szkole?

– Nie mówiłem wam? Dostałem się do szkolnego zespołu. W poniedziałek mamy pierwszą próbę.

– Będziesz grał w Crossoverze?

– A my nic o tym nie wiemy?

– Zapomniałem. – Maks uśmiechnął się rozbrajająco. – Tyle się wydarzyło w tym tygodniu…

– Świetnie!

– Super, że się dostałeś! – cieszyliśmy się.

– Umówmy się w przedsionku tuż przed ósmą rano – zaproponował Leon. – A teraz chodźmy już zrobić to ksero!

Każdemu przypadły mniej więcej cztery strony do przetłumaczenia; ja wybrałam pierwszy wpis.

– Nie mogę uwierzyć, że się na to zgodziłam! – Olga przyglądała się kartkom z niesmakiem. – Drugi wpis? Nie dajecie mi zbyt dużo czasu.

– Kurczę! Przecież ten Hugo mógł chodzić przed wojną do naszej szkoły! – Adę nagle olśniło.

– Kiedy jeszcze była niemiecka!

– Ciekawe tylko, czy był uczniem, czy nauczycielem?

– Jeśli był nauczycielem, to pewnie te wszystkie podręczniki do niego należały. Oni uwielbiają takie rzeczy!

– Jedno z drugim może nie mieć nic wspólnego. Książki po prostu zostały w szkole, a Hugo postanowił ukryć pomiędzy nimi swój pamiętnik.

– Nie mogę się doczekać, kiedy rozwiążemy tę zagadkę! Co on tu robił po wojnie?

– Mam nadzieję że wszystkiego się dowiemy. – Ada wyciągnęła kartki z dłoni Adama i włożyła je do papierowej teczki. – Adam, ty tłumaczysz trzeci, a ja czwarty wpis.

– O ile nam się uda!

– To nie może być takie trudne! – powiedziałam z przekonaniem.

– Obyś miała rację! – roześmiali się wszyscy na koniec.

Byłam ogromnie podekscytowana. Wracałam do domu z Olgą i przeżywałam przez całą drogę.

– Najpierw znaleźliśmy przedsionek, teraz ten notes… Ciekawe, co się jeszcze wydarzy?

Niestety, przyjaciółka nie podzielała mojego entuzjazmu.

– Też coś! – marudziła. – Naprawdę nie szkoda ci czasu na ślęczenie nad słownikami?

– Jak chcesz, pomogę ci przy twoim wpisie – zaproponowałam nierozważnie.

– Miałam nadzieję, że to powiesz! – Wreszcie się uśmiechnęła.

– Pamiętaj tylko, że nie przetłumaczę go za ciebie! – zastrzegłam.

– Pewnie, pewnie! – mrugnęła porozumiewawczo.

– Olga!

– Przecież dla ciebie to żaden problem, a dla mnie męczarnie! – Roześmiała się dźwięcznie i weszła do bramy swojego domu.

Naprawdę Olga dobrze mnie znała. Nie mogłam się doczekać, kiedy zabiorę się do pracy. Zaraz po obiedzie usiadłam za biurkiem i włączyłam komputer. Zdjęłam też z półki słownik niemiecko-polski. Dostałam go w czwartej klasie, kiedy zaczynałam się uczyć niemieckiego. Zdążył się nawet zakurzyć. Biedaczek, stał bezczynnie przez tyle lat!

Pomyślałam, że najłatwiej będzie skorzystać z tłumacza internetowego. Wpisywałam do niego zdanie po zdaniu, a potem kopiowałam polskie tłumaczenie do Worda. Czasami treść od razu była zrozumiała, jednak niekiedy nie potrafiłam odnaleźć znaczenia skomplikowanych, niemieckich wyrazów. Wypisałam je na osobnej kartce, szybko powstała całkiem długa lista. Nie znalazłam ich nawet w słowniku papierowym, może wyszły już z użycia? Zastanawiałam się gorączkowo, jak sobie poradzić z tym fantem, kiedy do mojego pokoju weszła mama.

– Natalia, czym ty jesteś zajęta w piątek po południu? – spytała z niepokojem.

– Eee... przygotowuję tłumaczenie z niemieckiego – odpowiedziałam zgodnie z prawdą.

– Chcemy oglądać film. Może się przyłączysz?

– Raczej nie. Wolałabym to skończyć.

– Za dużo wam zadają. – Pokręciła z niezadowoleniem głową. – Dopiero co zaczęła się szkoła, a wy już dostajecie teksty do tłumaczenia?

– No wiesz, jestem w grupie zaawansowanej. Zresztą to praca dodatkowa – uspokoiłam ją. – Tylko dla chętnych.

– W takim razie nie przeszkadzam. – Uśmiechnęła się. – Cieszę się, że się przekonałaś do niemieckiego. Zobaczysz, w przyszłości na pewno ci się przyda!

– W poznaniu przeszłości też – mruknęłam, ale mama już tego nie usłyszała.

Na tłumaczeniu zszedł mi cały wieczór, a kiedy wreszcie się położyłam i zamknęłam oczy, pod powiekami widziałam tylko niemieckie słówka. Moje zainteresowanie postacią Hugona wzrastało z każdym przetłumaczonym zdaniem. Może to już obsesja? Zastanawiałam się. Byłam pewna, że przejdzie mi dopiero wtedy, kiedy wszystko dokładnie przetłumaczę. Tylko gdzie, do diaska, znajdę tłumaczenie tych dawno nieużywanych wyrazów?

Z samego rana zadzwoniłam do Ady. Byłam taka zaaferowana, że nie wpadłam na to, iż mogę ją obudzić.

– Kto tam? – odezwała się nieprzytomnie.

– To ja. Słuchaj, mam mały problem z tłumaczeniem – od razu przeszłam do rzeczy. – W słowniku nie ma słów używanych przez Hugona!

– Naprawdę nie masz poważniejszych problemów w sobotę rano? – Ziewnęła szeroko.

– *Sorry*, nie pomyślałam.

– Do twojej wiadomości, niedawno minęła ósma. Może te słowa wyszły już z użycia? – zastanawiała się. – Czemu nie pójdziesz do biblioteki? Pewnie tam mają większy wybór słowników.

– Nie pomyślałam o tym! – ucieszyłam się. – Chcesz pójść ze mną?

– Dzięki, ale nie. Dzisiaj mam inne zajęcia. Zbieranie jabłek i takie tam wiejskie rozrywki.

– Brzmi kusząco!

– Taaa… Uwielbiam przez cały dzień stać na drabinie. To po prostu fascynujące!

– Adam nie może cię zastąpić?

– Będzie zanosił jabłka do piwnicy. To już wolę drabinę, skoro mam wybór!

– Wiesz, że nigdy w życiu nie musiałam podejmować takich decyzji?

– Ja też nie. To będzie mój pierwszy raz! Powodzenia z tłumaczeniem!

– Powodzenia z drabiną!

Bliźniacy, czyli Ada i Adam, całkiem niedawno przeprowadzili się do domu swoich dziadków. Ich rodzice się rozwiedli, a mama postanowiła wrócić do rodziców na wieś. Jeszcze przed wakacjami mieszkali niemal naprzeciwko szkoły, teraz musieli dojeżdżać autobusem podmiejskim. Adę wciąż stresowała nowa sytuacja, denerwowała się tym, że mogliby się gdzieś spóźnić.

Ja od urodzenia mieszkałam w tym samym miejscu i nie zanosiło się na to, by coś miało się zmienić. Moi rodzice chwalili sobie mieszkanie w śródmieściu Wrocławia – mieli stąd blisko do pracy, a ja do szkoły i wszędzie mogliśmy dojść na piechotę.

W drodze do biblioteki przeszłam obok gimnazjum. Tęsknym wzrokiem spojrzałam na zamknięte drzwi przedsionka. Szkoda, że nie miałam klucza! Z chęcią przejrzałabym wszystkie książki. Może znalazłabym w nich coś równie intrygującego jak pamiętnik?

Najpierw muszę skończyć tłumaczenie, powtarzałam sobie do znudzenia.

Poprosiłam bibliotekarkę o najstarszy słownik niemiecko-polski i zajęłam stolik w czytelni. Już po pierwszych wyszukiwaniach wiedziałam, że Ada miała rację. Niektórych określeń nawet w języku polskim nikt już nie używał. Język się zmieniał z każdym nowym pokoleniem.

Trzeba było tylko znaleźć polskie odpowiedniki niemieckich słów...

Żaden problem!

Po kilku godzinach miałam je wszystkie. Co do jednego.

Nieco otumaniona wyszłam na zewnątrz, szczelnie wypełniona niemieckimi słówkami. Od stóp aż po czubek głowy. Czułam ogromną satysfakcję. Wpis tajemniczego Hugona powoli się krystalizował, musiałam go tylko zapisać.

Ale już teraz jednego byłam pewna. Pierwsze miesiące po zakończonej wojnie nie były dla nikogo łatwe. Szczególnie jednak dla Niemców, którzy nadal mieszkali w nowo ustanowionym polskim mieście.

Późnym wieczorem moje tłumaczenie było już napisane, poprawione i wydrukowane. Wciąż nie byłam pewna niektórych zwrotów, ale miałam nadzieję, że udało mi się zachować ich sens. Przeżycia tego chłopaka były naprawdę niesamowite. A najbardziej szokujące było to, że zdarzyły się właśnie tutaj. Niemal przed oknami mojego domu.

W poniedziałek wyszłam do szkoły wcześniej niż zwykle. Chciałam jak najprędzej podzielić się z przyjaciółmi, opowiedzieć im, czego się dowiedziałam. Najlepiej od razu, jeszcze przed lekcjami.

Wszystko potoczyło się zupełnie inaczej, niż sobie wyobrażałam. Na ulicy Reja zauważyłam Maksa. Czekał przed przedsionkiem z gitarą ukrytą w grubym futerale. Rozglądał się na wszystkie strony i co chwilę przykładał telefon do ucha.

– Od razu wiedziałem, że lepiej nie zostawiać mu klucza! – wściekał się. – Głąb jeden, nie odbiera.

– Przecież Leon umówił się z tobą. Na pewno zaraz przyjdzie.

– Miał tu być piętnaście minut temu. Moja gitara to nie jego problem!

– Nie wierzę. – Pokręciłam głową. – Na niego zawsze można liczyć.

– Widocznie coś się zmieniło. – Maks bezradnie rozłożył ręce.

– A jeśli zgubił telefon? – zasugerowałam. – Każdemu może się zdarzyć.

– To i tak powinien już tu być! – odpowiedział, mocno zaciskając szczęki.

Dochodziła ósma, a Leona wciąż nie było. Nadal nie odbierał telefonu ani nie odpisywał na SMS-y.

– Maks, musimy już iść.

– Niech ja go tylko dorwę! – odgrażał się.

– Szkoda, że gitara nie zmieści się w szafce – westchnęłam, kiedy szliśmy już korytarzem do klasy.

Każdy uczeń w naszej szkole miał swoją szafkę zamykaną na kluczyk. Niestety, mieściły się w niej tylko kurtka i buty na WF.

– Gdybym wiedział, że tak będzie, zostawiłbym pudło w domu. – Maks, ogromnie niezadowolony, minął swoje miejsce i usiadł w ostatniej ławce. Gitarę oparł o ścianę. Nawet na krótką chwilę nie chciał jej stracić z oczu.

Leon wsunął się do sali równo z dzwonkiem. Dziwnie zgarbiony, z nisko pochyloną głową usiadł na krześle i zapatrzył się w przestrzeń niewidzącym wzrokiem. Nie zareagował nawet na dźwięk własnego nazwiska podczas sprawdzania listy obecności. Dobrze, że Adam był w miarę przytomny i szturchnął go w odpowiednim momencie.

– Co się stało? – zapytała szeptem Ada, ciągnąc Leona za rękaw, ale on tylko pokręcił głową, unikając jej wzroku.

Przez całą lekcję przyglądałam mu się ukradkiem. Leon zawsze był dziwny, ale tak się nigdy nie zachowywał. Może coś niedobrego stało się w jego rodzinie?

Jak tylko zadzwonił dzwonek, zasypaliśmy go pytaniami.

– Co się stało?
– Jesteś chory?

Leon z wysiłkiem uniósł głowę i spojrzał na nas dziwnie wystraszony.

– Zdarzyło się coś nieprawdopodobnego – powiedział przyciszonym głosem, tak że z ledwością go słyszeliśmy.

– *Oh, really?* Zapomniałeś o tym, że się umówiliśmy? To faktycznie nieprawdopodobne – złośliwie odezwał się Maks.

– Zgubiłem telefon. Nie miałem jak cię uprzedzić – wyjaśnił ze spokojem Leon.

– Możesz dać mi teraz klucz? Naprawdę nie mam ochoty targać ze sobą gitary przez cały dzień.

– Nie! Lepiej, żebyś tam nie chodził! Przedsionek jest niebezpieczny!

– Co??? – Popatrzyliśmy na niego zdumieni.

– Co wy tu jeszcze robicie? – nieoczekiwanie wtrąciła się nauczycielka. – Idźcie na korytarz, muszę zamknąć salę.

– Czy ty czasem nie przesadzasz? – zapytał Adam, gdy wchodziliśmy po schodach na drugie piętro. – Co takiego się wydarzyło?

– Później wam wytłumaczę. – Leon syknął. – Ale mam zakwasy.

To dopiero było dziwne.

Wszyscy wiedzieli, że Leon nie przepada za uprawianiem sportu. Wolał spędzać czas przed komputerem. W przeciwieństwie do Maksa i Adama sam z siebie nigdy nie zabrałby się do ćwiczeń fizycznych.

Próbowaliśmy go przycisnąć, zmusić do tego, by powiedział nam coś więcej. Tak jak zawsze jego tłumaczenia były mętne, niewiele udało nam się zrozumieć. Nie miał jedynie żadnych wątpliwości co do niebezpieczeństwa czyhającego na nas w przedsionku. Nie powinniśmy w ogóle tam chodzić, a już na pewno nie pojedynczo.

– Skończmy wreszcie tę durną dyskusję! – Maks był naprawdę poirytowany. – Pójdziemy do przedsionka zaraz po lekcjach i przyjrzymy się tym „strachom". Może wtedy przestaniesz świrować.

Nawet ten pomysł był dla Leona przerażający.

Ledwo wyszliśmy na podwórko, zatrzymał się, i za nic nie chciał pójść dalej.

– Naprawdę nie chcę was narażać!
– Możesz przestać się wygłupiać?
– Powiedz przynajmniej, co tam się stało.
– Olga, może pójdziemy do ciebie? – Spojrzał błagalnym wzrokiem.
– Nie ma mowy! Moja matka ma dziś wolne i robi generalne porządki. Za nic w świecie nie wrócę teraz do domu – odpowiedziała zdecydowanie Olga.

– No dalej, idziemy do tego składziku, to już zaczyna się robić nudne!

– Niech wam będzie. – Zrezygnowany Leon poszedł za nami. – Pamiętajcie tylko, że was ostrzegałem – powiedział, zanim przekręcił klucz w zamku.

– Otwieraj te cholerne drzwi!!!

– Proszę bardzo! – Nacisnął klamkę. – Niech nikt nie wchodzi do środka! – wrzasnął nagle z takim przejęciem, że zatrzymaliśmy się w progu.

Tak mnie przestraszył, że aż zaschło mi w gardle. Machinalnie sięgnęłam po żelka i zaczęłam się bacznie rozglądać po przedsionku.

Pomieszczenie wyglądało tak samo jak w ubiegłym tygodniu. Książki i mapy leżały, tak jak je zostawiliśmy. Jedynym śladem po obecności Leona był telefon pozostawiony na kamiennej posadzce. Maks przepchnął się do przodu i podniósł go z podłogi.

– Dwadzieścia sześć nieodebranych połączeń! Wszystkie ode mnie!

– Musiałeś być naprawdę wściekły! – Ada z ulgą zdjęła plecak i usiadła na kocu.

– Niczego nie rozumiecie – odezwał się Leon lekko urażony. – Opowiem wam, co się tu wyrabia. Lepiej, żebyście wiedzieli, zanim komuś stanie się coś złego.

– Uhuuu, brzmi jak zapowiedź z horroru! – W ogóle się nie przejęliśmy i usiedliśmy obok Ady.

– Zobaczcie, co przyniosłam! – Olga postawiła na posadzce szklany lampion, a kiedy zapaliła świeczkę, zrobiło się naprawdę nastrojowo.

Leon westchnął ciężko. Rzucił plecak na podłogę i usiadł na nim, tak żeby wszyscy go dobrze widzieli. Dłuższą chwilę wpatrywał się w płomień, jakby zupełnie o nas zapomniał.

Wbiliśmy w niego niecierpliwe spojrzenia.

– Pst! – ponagliła go Olga.

– Obiecujemy, że nie będziemy się z ciebie śmiać – obiecała Ada.

– Nawet jeśli będzie to najbardziej odjechana historia, jaką w życiu słyszeliśmy – dodał Maks.

## Opowieść Leona

Przyszedłem tutaj w sobotę po południu – niespiesznie zaczął Leon. – Chciałem tylko zabrać rower i wracać do domu, ale coś mnie podkusiło. Postanowiłem, że jeszcze raz spróbuję otworzyć kufer. To miała być niespodzianka dla was. – Uśmiechnął się. – Ale jak tylko pochyliłem się nad skrzynią, wieko samo odskoczyło.

– Poważnie? Teraz znów jest zamknięte. – Maks wyciągnął rękę. Przez dłuższą chwilę mocował się z zamkiem, ale pokrywa nawet nie drgnęła.

– Pewnie zatrzasnąłeś go z powrotem. – Adam wzruszył ramionami.

– Moim zdaniem kufer sam decyduje o tym, kiedy ma się otworzyć. – Leon zdecydowanie zaprzeczył.

Olga parsknęła zduszonym śmiechem, na szczęście zaraz umilkła.

– Co jest w środku? – próbowałam mu pomóc.

– Byłem przekonany, że będzie wypełniony po same brzegi – ciągnął Leon. – Ale kufer był całkiem pusty. Tylko na samym dnie leżała wojskowa czapka z miękkiego materiału. Wyglądała na zupełnie nową, pomyślałem nawet, że to dziwne, wszystko tu było tak zakurzone! Dopiero kiedy obejrzałem ją dokładnie, zrozumiałem, że była na swoim miejscu. Od wewnętrznej strony na podszewce miała pieczątkę – czarnego orła, wokół którego biegł napis po niemiecku.

Wiecie, że jestem pacyfistą. Nienawidzę przemocy. Jednak wtedy, zupełnie nieoczekiwanie, naszła mnie ogromna ochota, żeby ją przymierzyć. Być może to była jedyna okazja w moim życiu, żeby założyć na głowę czapkę wojskową?

Pasowała idealnie, jakby uszyto ją specjalnie dla mnie.

Wtedy stało się coś dziwnego. Zrobiło mi się słabo, wszystko wokół zaczęło się kręcić jak na karuzeli. Trwało to krótką chwilę, ale dopiero kiedy otworzyłem oczy, przeżyłem prawdziwy szok.

Nagle znalazłem się w zupełnie innym, nieznanym miejscu.

W dodatku siedziałem na grzbiecie prawdziwego konia.

– Bujasz! – Maks był wyraźnie zdegustowany. – Czy ty przypadkiem…? – Nie dokończył, bo zaczęliśmy go uciszać.

– Maks, daj mu skończyć!

– Koń był jak najbardziej realny. Czułem jego zapach, ciepło żywego zwierzęcia – ciągnął Leon. – Nie miałem pojęcia, co się stało i gdzie się znalazłem. Moja pierwsza myśl był taka, żeby jakoś zleźć z tego konia i wrócić do przedsionka. Moje stopy tkwiły w strzemionach (chyba tak się to nazywa?), więc pochyliłem się, żeby je uwolnić. Wtedy ktoś mocno szturchnął mnie w bok i powiedział coś ostrym tonem.

Po niemiecku.

Wyprostowałem się i rozejrzałem wokół.

Otaczali mnie żołnierze. Wszyscy siedzieli na koniach. Mieli na sobie mundury, a na głowach czapki, takie same jak ta, którą znalazłem w kufrze. A ja wyglądałem dokładnie tak jak oni.

– Zaraz. Najpierw byłeś w przedsionku, a potem nagle w jednej chwili siedziałeś na koniu, ubrany w mundur wojskowy? Ja tego nie ogarniam! – chichotał Maks.

– Mundur, rękawiczki, oficerki. Całe wyposażenie. Byłem żołnierzem, nie wiedziałem nawet, jakiej armii. Co gorsza, nie mogłem nawet zejść z konia, musiałem siedzieć nieruchomo, chociaż nie miałem pojęcia, jak się tam znalazłem.

– Jeździłeś wcześniej konno?

– Nigdy w życiu! To zwierzę przerażało mnie najbardziej, choć stało zupełnie spokojnie!

– To był po prostu piękny sen… – Maks mrugnął do nas porozumiewawczo.

– Dajcie mu skończyć! – uciszałam. – Chcę się dowiedzieć, co było dalej.

– W końcu rozpoznałem to miejsce. Nie miałem pojęcia, jak się tam znalazłem, ale przynajmniej wiedziałem, że stoję przed Dworcem Głównym we Wrocławiu. Cały budynek był przystrojony kwiatami i girlandami z zielonych gałęzi. Wszędzie wisiały flagi, na których wymalowano równoramienne krzyże i ogromną literę „W" w złotej koronie.

– To pewnie był herb! – domyśliła się Ada.

— Mnóstwo ludzi stało na chodnikach, inni wyglądali z okien kamienic. Jakby na kogoś czekali... W końcu na placu pojawiło się kilka osób, a wśród nich mężczyzna w białym mundurze. Ktoś przyprowadził konia, ktoś inny przyniósł schodki. Wojskowy wskoczył na siodło. Lekko zasalutował, a potem ruszył przed siebie. Żołnierze wokół mnie wyprostowali się jeszcze bardziej, jakby to w ogóle było możliwe!

Nagle mój koń ruszył, a ja zdążyłem tylko chwycić się jego grzywy. Słyszałem wyraźnie tętent kopyt na bruku, widziałem twarze ludzi, którzy radośnie do nas machali. Właśnie w tym momencie dotarło do mnie, że to nie mógł być sen. Wszystko było zbyt realistyczne!

W jakiś przedziwny sposób musiałem przenieść się w czasie. Znalazłem się w przedwojennym Wrocławiu i uczestniczyłem w paradzie wojskowej...

Maks tylko westchnął, jakby chciał podkreślić, że nie wierzy w ani jedno słowo.

— Najdziwniejsze było to, że jazda na koniu wcale nie sprawiała mi trudności. Po prostu patrzyłem przed siebie, a w myślach przemawiałem do tego ogromnego zwierzęcia, żeby nie przyszło mu do łba zrobić coś głupiego.

— Zrzucił cię w końcu?

– Wy tylko o jednym! – żachnął się Leon. – Szkoda, że tego nie widzieliście, ta parada naprawdę zrobiła na mnie wrażenie. Ludzie wiwatowali. Krzyczeli: *Kaiser! Vivat Kaiser!*, a ten mężczyzna w białym mundurze pozdrawiał ich, unosząc do góry dłoń w białej rękawiczce.

– Co to znaczy *Kaiser*?

– *Kaiser*? To chyba cesarz – przypomniałam sobie.

– Skąd wiesz, że to był przedwojenny Wrocław?

– Szyldy na sklepach były po niemiecku, a ludzie dziwnie ubrani – jak na starych fotografiach.

– To znaczy jak? – nagle zainteresowała się Olga.

– Wszyscy faceci byli w garniturach. Nosili kapelusze, mieli też wąsy i brody...

– Fuj! – skrzywiła się. – Musieli wyglądać okropnie staro! A kobiety?

– Miały na sobie suknie do samej ziemi, a na głowach kapelusze. Niektóre osłaniały twarze parasolkami, choć dzień był bardzo słoneczny.

– Pewnie właśnie dlatego – powiedziała z naciskiem Olga. – Nie chciały się opalić.

– No dobra. Jechałeś sobie konno przez przedwojenny Wrocław, a ludzie bili ci brawo. Ten sen będzie miał jakieś zakończenie? – niecierpliwił się Maks.

– Przejechaliśmy od dworca aż do Świdnickiej. Tam się zatrzymaliśmy, zaraz przy fosie. Wiecie, gdzie stoi pomnik Chrobrego? Przy sklepie Renoma?

– Wiemy, wiemy!

– Wtedy stał tam zupełnie inny pomnik. O wiele wyższy i bardziej okazały. Przed pomnikiem ustawiono trybuny, na których siedzieli jacyś ludzie. Na widok cesarza wstali, a on podjechał bliżej, żeby się z nimi przywitać. My musieliśmy stać w bezruchu i patrzeć przed siebie. Jak tylko próbowałem rozglądać się na boki, zaraz dostawałem kuksańca od żołnierza z jednej albo z drugiej strony. Coś tam do mnie mówili po niemiecku, ale byłem tak zestresowany, że nic nie rozumiałem.

– I co dalej?

– Pojechaliśmy Świdnicką aż do Rynku – ciągnął Leon, ale wtedy Adam znów mu przerwał.

– A co z przejściem podziemnym?

– Nie było go. – Leon wzruszył ramionami. – Po prostu przejechaliśmy przez skrzyżowanie i tyle. Ostatni obraz, który zapamiętałem, to *Kaiser*. Jego biały mundur był doskonale widoczny na tle ratusza. Chwilę później poczułem silny podmuch wiatru, aż się wystraszyłem, że mi czapkę zdmuchnie! Naraz zakręciło mi się w głowie, jakbym się znalazł wewnątrz ogromnego wiru. Skuliłem się, zamknęłem oczy. Przygniatała mnie potężna siła, a kiedy wszystko się uspokoiło, z powrotem znalazłem się w przedsionku. Kufer znów był zamknięty, a mnie potwornie bolała głowa. – Leon poprawił okulary na nosie. – Teraz już wiecie. Tu naprawdę dzieją się dziwne rzeczy.

– Co w tym niebezpiecznego? – Maks wzruszył ramionami. – Uciąłeś sobie drzemkę i miałeś realistyczny sen o przedwojennym Wrocławiu. Ja bym się raczej zastanawiał nad tym, co się z tobą dzieje.

– Niczego nie brałem! – oburzył się Leon.

– Masz jakiś dowód? – podchwyciła Olga. – Jak mamy ci uwierzyć?

– Popatrzcie! – wstał i podciągnął nogawki dżinsów. Na obu łydkach miał mnóstwo siniaków.

– To od ściskania boków konia.

– A nie przewróciłeś się przypadkiem na rowerze? – powątpiewała Ada.

– Wiedziałem, że mi nie uwierzycie! Mogłem wam nic nie mówić!

– Który to mógł być rok? – zastanawiałam się. – Kobiety w długich sukniach, konie na ulicach…

– Naprawdę wierzysz, że Leon przeniósł się w czasie? – Spojrzeli na mnie tak, jakbym zwariowała.

– Mam dowody na to, że to jest możliwe. – Głośno wypuściłam powietrze z płuc.

– Pewnie! Najpierw była Narnia, potem Alicja w Krainie Czarów i Harry Potter – zakpił Maks.

– Nieprawda. Chodzi mi o przeniesienie do przedwojennego Wrocławia, czyli do Breslau. Pierwszą osobą, której się to udało, był Hugo – odpowiedziałam ze spokojem i wyciągnęłam z teczki przetłumaczony wpis.

– Szybka jesteś!

– To nie było takie trudne – powiedziałam skromnie. – Hugo używa prostego języka. Kłopot polega na tym, że niektóre słowa wyszły już z użycia. Trzeba korzystać ze starych słowników.

– Hugo też podróżował w czasie? – Leon wbił we mnie przenikliwe spojrzenie.

– Na to wygląda. – Kiwnęłam głową.

– Możesz przeczytać?

– Jasne! – zgodziłam się. – Pamiętajcie tylko, że mogłam coś przekręcić!

**Breslau, 10 września 1945 roku**
*Podobno wojna już się skończyła, ale tutaj, w Breslau, wcale tego nie widać. Każdej nocy budzą nas strzały, wciąż trwa walka o miasto. Przegraliśmy wojnę, ogłoszono pokój. Tylko mieszkańcy*

*Breslau wciąż nie chcą się poddać. Nie chcą uwierzyć w to, co się stało.*

*Wystarczyła jedna konferencja w Poczdamie, żeby mój świat na zawsze przestał istnieć. Od teraz moje miasto będzie nazywało się Wrocław.*

*Na słupach ogłoszeniowych pojawiły się obwieszczenia. Nauczyłem się ich treści na pamięć: „Na podstawie decyzji Międzysojuszniczej Rady Kontroli Niemiec rozpocznie się w dniach najbliższych repatriacja ludności niemieckiej z Dolnego Śląska do angielskiej strefy okupacyjnej Niemiec". Z Dolnego Śląska, czyli również z Breslau…*

*Mieszkam w obcym kraju, a już niedługo na zawsze stracę moją małą Ojczyznę.*

*Na razie próbuję o tym nie myśleć. Każdy dzień jest trudny, ciągle brakuje nam jedzenia.*

*Mama próbuje zarabiać, sprzedaje sprzęty z naszego mieszkania. Każdego poranka wychodzi z domu razem z Hannah, moją młodszą siostrą. Zabierają ze sobą porcelanową zastawę, garnki, obrusy i pościel. Wszystko, co mogłoby się przydać nowym, polskim gospodyniom. Handel to jedyny sposób na zdobycie pieniędzy, za które można kupić jedzenie.*

*Staram się nie wychodzić z domu, dla własnego bezpieczeństwa. Kilka razy mnie pobili i teraz już się boję. Dla Polaków jestem szwabem, niemiecką* świnią. Gdyby nie to, że jestem kaleką, dałbym im radę. Nie potrafię im nawet uciec. Jak tu biegać z krótszą nogą? Mama zawsze powtarza, że i tak mam szczęście. Gdyby nie moje kalectwo, pewnie bym już nie żył. Tak jak koledzy z mojej klasy.

Wieczorami uczymy się dziwnie brzmiących, szeleszczących słów. Próbujemy upodobnić się do nowych mieszkańców, choć przecież na zawsze pozostaniemy Niemcami. Zdradzają nas białe opaski na ramieniu, wszyscy muszą takie nosić[1]. Ale i tak najgorsze są noce. Niemal codziennie słyszy się o napadach i rozbojach. Na wszelki wypadek barykadujemy drzwi wejściowe. Jak na razie nikt nie próbował nas okraść, ale kto wie, co będzie jutro?

Mama często płacze. Martwi się o tatę. Od dawna nie mieliśmy od niego żadnych wiadomości. Tato nawet nie wie, że wróciliśmy do Breslau[2], a mama boi się, że się nigdy nie odnajdziemy. Najlepiej byłoby czekać na niego tutaj, w naszym mieszkaniu, ale nie mamy wyboru. Jak przyjdzie rozkaz, będziemy musieli wyjechać.

---

[1] Niemcy mieszkający we Wrocławiu po drugiej wojnie światowej musieli nosić na przedramieniu opaskę z białego materiału.

[2] W czasie oblężenia miasta mieszkańcy zostali zmuszeni do opuszczenia swoich domów. Niektórzy z nich wrócili do Wrocławia po zakończeniu wojny.

*Tego samego dnia, po południu*

*Nie mam pojęcia, co tak naprawdę się stało.*

*Wciąż trudno mi uwierzyć.*

*Czy to w ogóle możliwe?*

*Opiszę wszystko, od samego początku. Może wtedy uda mi się zrozumieć?*

*Wyszedłem z domu. Nie mogłem już dłużej wytrzymać siedzenia w zamknięciu. Kiedy znalazłem się na ulicy, od razu poszedłem do szkoły. Jakby pchała mnie tam jakaś niewidzialna siła. Jakby coś kazało mi tam pójść. Może po prostu brakowało mi normalności? We wrześniu zawsze zaczynał się rok szkolny, a my wciąż żyliśmy w zawieszeniu, czekając na wyjazd. Tęskniłem za kolegami i nauczycielami, i atmosferą, jaka panowała w mojej szkole.*

*Wszedłem do środka. Przez chwilę nasłuchiwałem, czy w budynku ktoś jest, ale wszędzie panowała cisza. O ile pamiętam, chciałem wejść na piętro, kiedy nagle zaczęło mi się kręcić w głowie. Coś ciągnęło mnie w dół, aż upadłem na posadzkę. Świat zaczął wirować, a ja nie potrafiłem go zatrzymać.*

*Po chwili wszystko ucichło. Otworzyłem oczy.*

*Tego, co się stało, nie potrafię wytłumaczyć. Nagle byłem w zupełnie innym miejscu. Daleko od mojej* szkoły. W jakiś czarodziejski sposób znalazłem się na ulicy. Leżałem na bruku i nie miałem siły na to, żeby się podnieść. Wreszcie jakiś człowiek pochylił się nade mną i zwrócił uwagę, że takie zachowanie nie przystoi młodemu Niemcowi. Podał mi rękę. Podziękowałem mu i nagle uświadomiłem sobie, że rozmawialiśmy po niemiecku!

Nieznajomy zostawił mnie, a ja zacząłem się przyglądać otoczeniu. Stałem przed jakimś pomnikiem, na jego cokole widniał napis: „Mit Gott für König und Vaterland"[3].

Gdzieś już widziałem te słowa.

Tylko kiedy?

Rozejrzałem się jeszcze raz. Bardzo uważnie. Za moimi plecami znajdował się ratusz. No jasne! Znalazłem się na Blücherplatz[4]. Byłem w Breslau, które wyglądało jakoś inaczej.

Jakby wojny wcale nie było.

– Welches Jahr haben wir jetzt?[5] – zagadnąłem bosego i obdartego dzieciaka, który kręcił się w pobliżu.

---

[3] Dzięki Bogu za Króla i Ojczyznę – taki napis widniał na pomniku feldmarszałka Gebharda Leberechta Blüchera, który stał na placu Solnym. Feldmarszałek Blücher był dowódcą armii pruskiej, między innymi w bitwie pod Waterloo.

[4] Obecnie plac Solny.

[5] Który rok mamy?

– Eintausendachthundertsechsundzigste[6] – *odpowiedział zaskoczony i pobiegł w swoją stronę, tłukąc o bruk bosymi piętami.*

*Rok 1866?*

*Wszystko zaczęło się układać.*

*Rzeczywiście, domy stojące wokół placu były drewniane, a mieszkańcy Breslau mieli na sobie dziwne ubrania. Jak moja babcia i dziadek w latach młodości. Pytanie tylko, w jaki sposób ja się tam znalazłem? Musiało to mieć jakiś związek z przedsionkiem. Może działały w nim tajemnicze siły, zdolne do przenoszenia ludzi w czasie?*

*Wtedy zauważyłem robotników, którzy nadchodzili ze wszystkich stron. Uzbrojeni w kilofy i łopaty, kierowali się w stronę Zamku Cesarskiego. Koniecznie musiałem sprawdzić, co tam się dzieje.*

*Zrobiłem pierwszy krok i od razu się potknąłem. Moje nogi były tej samej długości! Nigdy w życiu nie czułem się tak szczęśliwy. Aż podskoczyłem do góry z radości. Na ten widok jakaś kobieta wyciągnęła z koszyka jabłko i uśmiechnęła się szeroko.*

– Junge, du musst essen, um viel Kraft zu haben[7].

*To od niej dowiedziałem się, że właśnie zaczęło zasypywać Czarną Oławę, jeden z kanałów Odry.*

---

[6] 1866.

[7] Jedz, chłopcze. Musisz mieć dużo sił.

*A kiedy jakiś robotnik powiedział, że można przy tej pracy nieźle zarobić, postanowiłem się zatrudnić. Byłem młody, silny i rozpierała mnie energia. Ruszyłem na ulicę Zamkową.*

*Im byłem bliżej, tym większy czułem smród. Muszę z przykrością przyznać, że całe miasto wyglądało na brudne i zaniedbane. Z rozmów dowiedziałem się, że wzdłuż Czarnej Oławy mieli warsztaty białoskórnicy[8] i garbarze[9], to oni byli odpowiedzialni za ten fetor. Zdawało się jednak, że nikt prócz mnie nie zwraca uwagi na przykry zapach. Widocznie byli do niego przyzwyczajeni.*

*Na nabrzeżu ustawiały się już wozy wyładowane ziemią, kamieniami i piaskiem, a robotnicy właśnie zaczynali je rozładowywać. Zapytałem jednego z majstrów o pracę, a on od razu przydzielił mi zadanie. Najpierw musiałem wrzucać do wody kamienie. Ciężkie głazy toczyły się po stromych zboczach i wpadały do kanału z głośnym chlupotem. Potem nabierałem na łopatę ziemię i wsypywałem ją do rzeki. Puste wozy odjeżdżały, na ich miejscu pojawiały się kolejne, wypełnione po brzegi ciężkim ładunkiem, a my wciąż je opróżnialiśmy.*

---

[8] Białoskórnicy – rzemieślnicy wytwarzający cienkie skóry na ubrania i rękawiczki.

[9] Garbarze – rzemieślnicy trudniący się wyprawianiem skór.

W południe ogłoszono krótką przerwę na posiłek. Jedna z kobiet podała mi kufel z piwem, a jakiś robotnik podzielił się kawałkiem chleba.

Pracowaliśmy aż do zapadnięcia zmroku. Dopiero wtedy kamienie gdzieniegdzie zaczęły się wynurzać z kanału. Potrzeba będzie jeszcze wielu dni wytężonej pracy, zanim uda się go całkowicie zasypać.

Bolały mnie wszystkie mięśnie. Dłonie miałem pokryte pęcherzami, ale byłem z siebie bardzo dumny. Pracowałem ciężko, uczciwie zarobiłem na wynagrodzenie. Majster wręczył mi kilka monet, a ja zapytałem, gdzie znajduje się najbliższa gospoda.

Karczmarka bez pytania postawiła przede mną miskę z gulaszem i koszyk z grubymi pajdami chleba. Chleb przezornie schowałem do kieszeni i zabrałem się do jedzenia. Kiedy łyżka zaczęła szorować o dno, poprosiłem o dokładkę. Dopiero kiedy zaspokoiłem głód, poczułem ogromne zmęczenie. Marzyłem o tym, żeby wyciągnąć się na ławie i spać, nie zwracając uwagi na hałasy.

Ale w gospodzie było coraz więcej osób, które tylko czekały, aż zwolni się miejsce. Zapłaciłem za posiłek i zacząłem przepychać się w stronę wyjścia. Nie miałem pojęcia, co robić, w którą stronę powinienem pójść.

*Na szczęście przedsionek nade mną czuwał. Ledwo chwyciłem za klamkę, poczułem podmuch tej samej siły, znów ciągnęła mnie w dół. Tym razem poddałem się bez wahania, a kiedy otworzyłem oczy, znalazłem się w szkole. W tych samych czasach, a co gorsza – z powrotem stałem się kaleką.*

*Musiałem jak najszybciej dostać się do domu.*

*Kiedy mama z Hannah wróciły, od razu poczęstowałem je chlebem. Hannah łapczywie rzuciła się na kromkę, a mama zaczęła płakać. Nie mogły się oderwać, dawno już tak pysznego pieczywa nie jadły.*

*Wszystko, co się wydarzyło, zapisałem. Tak jak zapamiętałem te wydarzenia. Nie potrafię wytłumaczyć, co stało się w przedsionku. Najłatwiej byłoby sobie wytłumaczyć, że zasnąłem albo straciłem przytomność. Tylko skąd wziął się ten chleb? Nigdzie nie da się takiego kupić.*

Przeczytałam ostatnie zdanie i z satysfakcją spojrzałam na przyjaciół.

– Mówiłem wam! – Leon wymachiwał rękami z przejęciem. – Dzieją się tu dziwne rzeczy!

– Ale jak? Jak to jest w ogóle możliwe?

– Nieważne! – Adzie błyszczały oczy. – Podróże w czasie są super!

– Naprawdę? – spytała krytycznie Olga. – Rzuca cię nie wiadomo gdzie, a potem radź sobie sama! To gorsze niż *reality show*!

– A ja nadal nie wierzę, że to w ogóle możliwe. – Maks był nieprzejednany.

– Mapy! – przypomniał sobie Adam. – Widziałem na planie Wrocławia jakieś notatki!

Jednym susem znalazł się przy ścianie. Chwycił niewielki rulon i rozłożył go na posadzce.

– Zobaczcie! Zaznaczył tu swoje trasy!

– Ty też wierzysz w te bzdury? – Maks studził jego zapał. – Poczytaj trochę na temat czasu, to ci rozjaśni w głowie!

Wtedy przypomniał mi się wykład, na którym byłam w ramach Festiwalu Nauki. Dotyczył możliwości teleportacji oraz podróży w czasie.

– Według wszelkich praw fizyki przemieszczanie się w czasie nie jest możliwe – zaczęłam z namysłem. – Przynajmniej nie na tym etapie odkryć naukowych. Rzeczywistość tworzy się i rozpada na naszych oczach. Cząsteczki czasu zderzają się, tworząc teraźniejszość i rozpadają się błyskawicznie, zamieniając się w przeszłość…

– Ty naprawdę interesujesz się fizyką! – Leon spojrzał na mnie z takim zachwytem, że aż się zaczerwieniłam.

– To przez mojego ojca. – Machnęłam lekceważąco ręką, choć byłam z siebie bardzo dumna.

– To by znaczyło, że prawa dotyczące czasu ulegają tutaj deformacji – zapalił się Adam. – Na krótką chwilę przestają działać, dzięki czemu tworzy się niewielka przestrzeń pomiędzy teraźniejszością a przeszłością.

– Szczelina, w którą został wciągnięty Hugo – wtrącił Leon – a potem ja.

– Bla, bla, bla! – Olga przewróciła oczami. – To brzmi szalenie naukowo, tylko że ja niczego nie rozumiem!

– Dziura w czasoprzestrzeni – rzucił Adam. – To tłumaczy również ból głowy! Zwykły *jet lag*, rozstrojenie organizmu z powodu zmiany strefy czasowej.

– Ooo! Na ten temat to mogę coś powiedzieć! – Olga wyraźnie się ożywiła. – Zawsze jak jadę do taty do Stanów, mam ten problem. Przynajmniej przez tydzień jestem kompletnie rozbita!

Od kiedy pamiętam, Olga mieszkała tylko z mamą. Jej tato wyjechał do Stanów Zjednoczonych krótko po tym, jak się urodziła, i nigdy nie wrócił do Polski. Dobrze, że przynajmniej utrzymywał z nią kontakty i zapraszał na każde wakacje, czego wszyscy jej zazdrościliśmy.

– Muszę już lecieć. – Maks zerknął na zegarek. – Za chwilę zaczyna się próba.

– Nadal nam nie wierzysz, prawda? – Spojrzałam na niego badawczo.

– Nie jesteście w stanie mnie przekonać, ale fajnie było się spotkać. Przynajmniej wiemy, że Hugo był chłopakiem, który mieszkał gdzieś tutaj niedaleko. – Maks uśmiechnął się i wziął futerał do ręki. – Trzymajcie się, ja wracam do rzeczywistości.

– My chyba też powinniśmy już iść. – Ada podniosła się i od razu zaczęła poganiać Adama. – Pospiesz się, chyba nie chcesz się spóźnić na autobus!

– Ta twoja gadka kiedyś mnie wykończy! – Skrzywił się, ale posłusznie poszedł za siostrą. – Cześć! Do jutra!

Olga, Leon i ja wyszliśmy ostatni. Od razu spojrzeliśmy na kamienicę stojącą po drugiej stronie ulicy.

– Myślę, że tu mieszkał – powiedziałam i poczułam, jak dreszcz przebiegł mi po plecach. – Chciałabym wiedzieć, co się z nim później stało.

– Pewnie wyjechał do Niemiec. – Olga wzruszyła ramionami. – Nie miał tu czego szukać.

– Nigdy się nad tym nie zastanawiałem. – Leon poprawił okulary. – Widzę tylko spokojną ulicę, po której jeżdżą samochody. Domy. Drzewa. Sklepy. Co tu się działo w przeszłości? Ilu ludzi zginęło? Jak to wszystko wyglądało?

– Właśnie dlatego pamiętnik Hugona jest tak fascynujący! Opisuje świat, którego już nie ma.

– Swoją drogą, świetnie sobie poradziłaś z tłumaczeniem! – Leon zerknął w moim kierunku.

– Dziękuję! – Poczułam dziwne ukłucie w sercu. Jakby to podziękowanie było czymś zupełnie wyjątkowym. – To nie jest takie trudne, jak nam się wydawało!

– Pewnie, pewnie! – Olga przewróciła oczami. – Ja nawet nie mam słownika w domu!

– Większość słówek znalazłam w Internecie. Zresztą mogę ci dać moje notatki, pewnie sporo będzie się powtarzać – powiedziałam i zwróciłam się do Leona. – Nadal uważasz, że nie powinniśmy się tu spotykać? Przecież podróże w czasie to coś fantastycznego! Mielibyśmy z tego zrezygnować?

– Nie wiem… – łamał się. – Masz rację. To było ogromne przeżycie. Tylko uważajcie na siebie. – Popatrzył na mnie z dziwnym wyrazem twarzy. – Nigdy nie wiadomo, co może się wydarzyć.

– W takim razie od razu pójdę do ślusarza – zadecydowałam. – Mam nadzieję, że znalazł już pudło z przedwojennymi kluczami. Musimy mieć swobodny dostęp do przeszłości!

Miałam ochotę zamienić z Leonem jeszcze kilka słów, ale Olga naciskała, żebyśmy już poszły. Z ociąganiem się z nim rozstałam, a potem obejrzałam się raz i drugi. Było mi go żal, wracał do domu zupełnie sam. Zdawało mi się, że coś w sobie dusi, jakby nie powiedział jeszcze wszystkiego. Być może jednak był tylko zmęczony i nieco przestraszony. Pewnie mu przejdzie.

Ślusarz dotrzymał obietnicy. Gdy tylko weszłam do warsztatu, położył na ladzie kartonowe pudło.

– Mój ojciec zbierał te klucze całymi latami, a teraz leżą zupełnie bezużyteczne. Nie sądziłem, że jeszcze się do czegoś przydadzą. Ile kopii potrzebujesz?

– Pięć.

– Ciekaw jestem, dokąd prowadzą drzwi, które otwiera ten klucz?

– Do Breslau – odpowiedziałam najzupełniej poważnie.

– W takim razie dobrze go pilnuj! – roześmiał się ślusarz. – Na takie wycieczki znalazłoby się sporo chętnych! Przyjdź do mnie jutro po południu, tyle czasu powinno mi wystarczyć.

Podziękowałam i wyszłam na ulicę. W tym właśnie momencie doznałam olśnienia. Musiałam natychmiast porozmawiać z Leonem.

– No co tam?

– Musisz to opisać! – wrzasnęłam, nieco za głośno, bo zaskoczeni przechodnie odwrócili się w moim kierunku.

– Co mam opisać?

– No wiesz, twoje przeniesienie! Opisz je dokładnie, najlepiej w notesie Hugona.

– Sam nie wiem… – Leon westchnął i zamilkł.

– Hugo nie miał się komu zwierzyć, dlatego założył pamiętnik, a my jesteśmy czytelnikami jego wpisów. Musisz to zrobić, choćby ze względu na niego!

– I tak nikt mi nie wierzy – zaśmiał się ironicznie.

– Ja ci wierzę. Jutro przyniosę notes.

– Niech ci będzie – westchnął.

– Dzięki! Wiedziałam, że to zrobisz! – Rozłączyłam się i uśmiechnęłam do siebie. Przypomniałam sobie, jak bardzo Leon nie znosi pisać wypracowań.

Przez kilka kolejnych dni nie mieliśmy zbyt dużo czasu na to, żeby spotkać się na dłużej. Przez cały tydzień pisaliśmy diagnozy – testy, które miały sprawdzić, ile zapamiętaliśmy ze szkoły podstawowej. Jakby tego było mało, mieliśmy normalne lekcje, do których musieliśmy się przygotowywać i odrabiać zadania domowe. Nie miałam nawet kiedy zajrzeć do ślusarza, dopiero w sobotę rano przypomniałam sobie o kluczach.

– Najlepiej od razu sprawdź, czy udało mi się dobrze zrobić wszystkie kopie – poradził. – Z tymi starymi zamkami nigdy nic nie wiadomo, bywają nieprzewidywalne!

Zapłaciłam i od razu poszłam do przedsionka, ale nie odważyłam się wejść do środka. Sprawdziłam tylko, czy każdym kluczem uda się otworzyć drzwi, a potem wybrałam się do biblioteki. Chciałam wypożyczyć lekturę, polonistka nie dała nam zbyt wiele czasu, a ja w ogóle nie przepadam za czytaniem zadanych książek. Im szybciej będę to miała za sobą, tym lepiej.

Nie wierzyłam własnym oczom, gdy przy jednym ze stolików w czytelni zobaczyłam Olgę. Jej widok w bibliotece zaskoczył mnie bardziej niż tajemnicze moce działające w przedsionku.

– Co ty tu robisz? – zapytałam, siadając obok.

– Męczę się jak jeszcze nigdy w życiu! – wyjęczała i rozpłaszczyła się na stole.

Wokół niej leżały słowniki niemiecko-polskie, te same, z których korzystałam w ubiegłym tygodniu.

– Jak ci idzie?

– Co za koszmar! Dostałam najdłuższy i najbardziej skomplikowany wpis!

– Nie opowiadaj! Wszystkie były tej samej długości.

– Kompletnie sobie z tym nie radzę – marudziła. – Nie znoszę czytać książek, a czytanie po niemiecku to jest w ogóle jakiś dramat! Nie ogarniam tego, Natalia!

– Ile udało ci się zrobić? – zapytałam, nie zwracając uwagi na jej jęki.

Podała mi kartkę, na której wypisała kilka słówek.

– To wszystko?

– Mówiłam już, ja się do tego nie nadaję. Szkoda mi czasu na takie bzdury!

– Ja pracowałam nad swoim tekstem przez trzy dni – powiedziałam lekko urażona.

– Masz wprawę. Może chcesz mi pomóc? – Popatrzyła błagalnym wzrokiem.

– Najpierw powinnaś wypisać słówka, których nie znasz. – Westchnęłam głęboko.

– Czyli praktycznie wszystkie. Co gorsza, nie ma ich w Internecie. – Olga jęknęła, a potem naciągnęła na głowę kaptur. – Co ja tu robię?!

– Nie narzekaj, tylko bierz się do pracy!

Doszłyśmy do połowy strony, kiedy Olga znów zaczęła kwękać.

– Mam poczucie, że właśnie tracę mnóstwo cennego czasu!

– Przestaniesz w końcu?

– Wcale mnie nie motywujesz. Wiesz o tym? – przyznała z rozbrajającą szczerością.

– A wy co tu robicie? – rozległo się nagle za naszymi plecami, aż Olga podskoczyła na krześle.

– Ale mnie wystraszyłeś!

Na szczęście to był tylko Leon. Położył na stole kilka książek i przysunął sobie krzesło.

– Chcesz wiedzieć, co robimy? Tracimy czas na głupoty! – podsumowała Olga, czym mnie tylko zdenerwowała.

– Przyszedłeś tłumaczyć swój wpis? – Postanowiłam ją zignorować. – Będziesz potrzebował tych samych słowników.

– Zamierzałem przejrzeć albumy ze zdjęciami przedwojennego Wrocławia. Muszę się dowiedzieć, w jakim wydarzeniu brałem udział.

– Czy ty naprawdę wierzysz… – zaczęła Olga, ale Leon wszedł jej w słowo.

– Tak, Olgo. Naprawdę przeniosłem się w czasie.

– Nie to chciałam powiedzieć. – Zrezygnowana, znów rozpłaszczyła się na stole. – Powinniśmy się pospieszyć, jeśli nie chcemy zmarnować tutaj całego dnia.

Wróciłyśmy do wypisywania słówek, a Leon w skupieniu przeglądał albumy.

– Jest! – wykrzyknął nagle, zwracając na siebie uwagę wszystkich obecnych, zwłaszcza pań bibliotekarek.

Pochyliliśmy się nad książką.

– Rok tysiąc dziewięćset szósty. Uroczysty wjazd cesarza Wilhelma II do Wrocławia wraz z cesarzową Augustą Wiktorią i księżniczką Wiktorią. – Triumfalnie postukał w fotografię. – Mój koń stał gdzieś tutaj. – Leon wskazał palcem.

Niestety, akurat w tym miejscu zdjęcie było rozmazane.

– Przydałoby się szkło powiększające.

– Pamiętam, jak robili te zdjęcia! – uświadomił sobie. – Fotograf stał za taką drewnianą skrzynią, a znad aparatu unosił się dym.

– Pewnie dochodziło tam do jakiejś reakcji chemicznej – podsumowała Olga, a my spojrzeliśmy na nią zaskoczeni.

– Co was tak dziwi? Zapomnieliście, że moja mama jest chemikiem?

– To znaczy, że widziałem cesarza! – Leon był z siebie bardzo zadowolony, ale zaraz stracił dobry humor. – Szkoda tylko, że nikt mi nie wierzy!

– Ja ci wierzę. – Pani bibliotekarka znienacka położyła dłoń na jego ramieniu. – Podejrzewam, że czytelnicy, którym przeszkadzacie, także nie mają żadnych wątpliwości. Zachowujcie się nieco ciszej, bo będę musiała was wyprosić.

Z każdym obejrzanym zdjęciem Leon przypominał sobie coraz więcej szczegółów, słuchałam go z ogromnym zainteresowaniem. Niestety, Olga coraz bardziej się nudziła.

– Możemy wrócić do tłumaczenia? – powtarzała co chwilę, jakby nie mogła poczekać.

– Zaraz do ciebie dołączę – obiecałam, ale prawdę mówiąc, wolałam skoncentrować się na opowieści Leona, niż odwalać za nią całą robotę.

Zupełnie nie potrafiła się skupić. Od niechcenia wypisała jeszcze kilka słówek, po czym zamknęła z trzaskiem okładki słownika.

– Koniec na dzisiaj! Jestem wykończona!

– Nigdy nie przetłumaczysz wpisu, jak będziesz się tak szybko zniechęcać – zdenerwowałam się.

– Miałaś mi pomagać, ale ty wolisz bajki Leona – odpowiedziała zaczepnie.

– *Sorry*, dziewczyny! Nie chciałem wam przeszkadzać. – Teraz Leon poczuł się nieswojo.

– Za chwilę i tak zamykają bibliotekę – zauważyłam. – Możemy już wyjść.

Kiedy mijaliśmy przedsionek, wręczyłam im po jednym kluczu.

– To dla was. Życzę przyjemnej podróży do Breslau – powiedziałam z szerokim uśmiechem pilotki wycieczek zagranicznych.

– Ja się tam wcale nie wybieram. – Olga się skrzywiła. – O wiele lepiej czuję się w teraźniejszości. A teraz pójdę do centrum handlowego, muszę się jakoś pocieszyć!

Zostaliśmy na chodniku sami. Przez chwilę patrzyłam na oddalającą się Olgę, a potem westchnęłam ciężko.

– Nie przejmuj się. W końcu to zrobi. – Leon próbował mnie pocieszyć.

– Albo ja zrobię to za nią. Jak zawsze, kiedy mamy zadane coś trudnego, na co Olga nie ma ochoty.

– No cóż. Jakkolwiek patrzeć, masz już wprawę – zachichotał.

– Na razie pójdę przeczytać lekturę. – Pomachałam mu książką przed nosem. – Za siebie i za Olgę.

– A ja zrobię wpis. Jak skończę, wyślę ci go na mejla, chcesz?

– Jasne! – ucieszyłam się.

– Trzymaj się, Natalia. Fajnie było cię spotkać. I w ogóle… – Urwał w pół zdania.

Zapadła cisza. Zupełnie nie wiedziałam, co mu odpowiedzieć. Na szczęście zadzwonił mój telefon.

– Tak, mamo. Za chwilę będę – odpowiedziałam do słuchawki. – Wiem, że miałam zaraz wrócić, ale zasiedziałam się w bibliotece.

Mama nie miała zamiaru szybko się rozłączyć, więc machnęłam tylko Leonowi na pożegnanie, i poszłam w stronę domu.

Nawet podczas obierania ziemniaków myślałam o przeszłości. Byłam przekonana, że cała ta historia z przedsionkiem kryje w sobie wiele niespodzianek. Poznaliśmy dopiero kilka elementów, wciąż nie potrafiliśmy połączyć ich w całość. Choćby kufer – skąd się tam wziął? Hugo o nim nie wspomina, był przekonany, że to przedsionek działa jak wehikuł czasu... W dalszym ciągu nie wiedzieliśmy, jak uruchamia się kufer. A mnie najbardziej interesowała jeszcze jedna kwestia: jak daleko mogliśmy cofnąć się w czasie?

Jednego byłam pewna. Jeśli Hugo i Leon mogli zostać przeniesieni, to znaczy, że każdy z nas miał szansę trafić do Breslau. To była największa zagadka, ponieważ nikt nie wiedział, kiedy może się to wydarzyć.

Na chwilę oderwałam się od rozmyślań, bo jakoś nie mogłam znaleźć kolejnego ziemniaka w wiaderku. O kurczę... Było zupełnie puste.

– Eeee… Mamo? – Pokazałam garnek wypełniony po brzegi obranymi ziemniakami. – Chyba będziemy musiały zrobić frytki.

– Zdaje się, że nie mamy innego wyjścia! – Roześmiała się głośno i mrugnęła do mnie porozumiewawczo. – Ktoś tu jest bardzo rozkojarzony!

Aha.

Znałam dobrze ten ton i to spojrzenie.

Pewnie wyobraża sobie, że się zakochałam.

Albo coś w tym stylu.

Jakbym nie mogła być roztargniona z zupełnie innego powodu.

Po obiedzie pojechaliśmy całą rodziną na wycieczkę rowerową, jak zawsze na wały nad Odrą. To jedno z moich ulubionych miejsc we Wrocławiu. Wystarczy przejechać kilka spokojnych uliczek, żeby znaleźć się nad rzeką. Panuje tam spokój i szybko można zapomnieć o zgiełku miasta. Pogoda była piękna, nam się nigdzie nie spieszyło, więc jechaliśmy przed siebie, aż ścieżka się skończyła. Dalej były tylko chaszcze. Zawróciliśmy i przy pierwszej sposobności zjechaliśmy w nieznaną uliczkę. Do domu wróciliśmy przez miasto, a ja przyglądałam się uważnie mijanym budynkom. W wielu miejscach nad bramą, a czasem na posadzce przed wejściem widniała data informująca o roku budowy. Ogromna większość budynków powstała ponad sto lat temu. Leon i Olga mieszkali w takich kamienicach, a moi dziadkowie w poniemieckim domku jednorodzinnym.

Poniemieckim.

Po Niemcach.

O rany! Poniemiecki dom, poniemieckie meble w ich salonie, poniemieckie drzewa w ogródku...

Słyszałam te historie tyle razy, nigdy się nad nimi nie zastanawiałam.

A przecież mógł tam mieszkać Hugo!

Dopiero teraz dotarło do mnie, ile we Wrocławiu zostało śladów po poprzednich mieszkańcach. Wystarczyło się tylko rozejrzeć.

W poniedziałek, gdy tylko weszłam do szkoły, Leon od razu pomachał w moją stronę zadrukowanymi kartkami.

– Chcesz przeczytać? Wczoraj wieczorem napisałem i od razu wydrukowałem.

– Czemu nie wykorzystałeś notesu? – spytałam nieco zawiedziona.

– Chyba nie sądziłaś, że będę pisał ręcznie! – Roześmiał się nerwowo. – Wkleję kartki do pamiętnika i wyjdzie na to samo.

– Fiu, fiu, ale się napracowałeś! – Ada zajrzała mu przez ramię. – Natalia ci kazała?

– Kazała, kazała! – zdenerwowałam się. – Chyba chcecie, żeby po tych podróżach został jakiś ślad?

– Już się nie mogę doczekać! – z przekąsem podsumowała Olga. – Nie dość, że będę musiała przeżyć „podróż do Breslau", to jeszcze potem mam ją opisać?!

– Oj tam, oj tam! Napiszesz, co ci do głowy przyjdzie, przecież to nie dzieje się naprawdę! – Maks jak zawsze musiał podkreślić swój odrębny punkt widzenia. – Tak czy inaczej, dziękuję za klucz. Nareszcie mogę zostawiać gitarę w bezpiecznym miejscu.

Zadzwonił dzwonek na lekcję, a ja bez większego entuzjazmu weszłam do pracowni chemicznej. Chemia to jedyny przedmiot, do którego jakoś nie mogłam się przekonać. Być może zbyt dobrze pamiętałam słowa mojej mamy, która uważała, że chemii nie da się w żaden sposób przyswoić. Za każdym razem włączała mi się jakaś blokada umysłu, która skutecznie uniemożliwiała myślenie. Z niekorzyścią dla moich ocen. Co gorsza, nauczycielka zapowiedziała, że zrobi nam w przyszłym tygodniu sprawdzian. Jakby mało jej było kartkówek na każdej lekcji!

W drodze powrotnej do domu opowiedziałam Oldze, jakim przerażeniem napawa mnie sama myśl o chemii.

– Nie żartuj! Naprawdę nie rozumiesz? – Spojrzała na mnie, nie dowierzając.

– Kompletnie nie potrafię sobie przyswoić tej wiedzy. – Bezradnie rozłożyłam ręce.

– Zapytam moją mamę, czy mogłaby ci pomóc – obiecała. – Skoro była w stanie mnie nauczyć, ty też masz szansę!

– Dzięki, Olga! Uratowałaś mi życie!

– Ale pamiętaj! Czytasz za mnie wszystkie lektury! Do końca gimnazjum!

– Jakbym tego w podstawówce nie robiła! – oburzyłam się.

– Wiem, wiem. Na ciebie zawsze można liczyć!

– Zadzwoń do mnie, jak już będziesz coś wiedzieć – poprosiłam.

– Okej. Postaram się nie zapomnieć.

– No weź!

– Dobra, dobra. Zapytam na pewno.

Tego samego popołudnia stawiłam się na korepetycje. Olga nie zapomniała, a jej mama na szczęście miała dla mnie czas. A kiedy znalazłam się w pokoju gościnnym (jak go nazwała Olga), Maks i Leon siedzieli już za stołem z otwartym podręcznikiem i zeszytem ćwiczeń.

– A wy co tu robicie? – zdziwiłam się.

– Czekamy na ciebie. – Pani Zielińska uśmiechnęła się zachęcająco. – Nie tylko ty chcesz nadrobić zaległości.

Zajęłam wolne miejsce i z przejęciem godnym najlepszej uczennicy rozłożyłam zeszyt.

– Olga, idź do swojego pokoju – poleciła pani Zielińska. – Z tego, co wiem, nie masz problemów z chemią, będziesz nam tylko przeszkadzać.

– No wiesz! – oburzyła się, ale posłusznie wyszła, a my utkwiliśmy wzrok w jej mamie.

Trudno było mi się skupić. Przez dłuższą chwilę podziwiałam piękne kolczyki pani Zielińskiej, które doskonale pasowały do jej stroju. W ogóle była bardzo zadbana. Chciałabym tak wyglądać, kiedy będę w jej wieku.

– Natalia! – Od razu zauważyła, że błądzę myślami gdzieś daleko. – To są dopiero podstawy. Musisz je załapać, żebyśmy mogli pójść dalej.

Ups!

Chłopcy spojrzeli na mnie rozbawieni, a ja od razu usiadłam sztywno wyprostowana. Zapomniałam już o tym, że mama Olgi jest taka surowa!

Za to naprawdę potrafiła świetnie tłumaczyć, a jej sposób rozumowania był spójny i bardzo logiczny. Udało mi się nawet wypełnić zeszyt ćwiczeń i zrobić (prawie samodzielnie) zadania dodatkowe.

Szkoda tylko, że była taka zasadnicza!

Wygoniła nas do domów, jak tylko skończyliśmy. Nie mogliśmy nawet na chwilę zajrzeć do Olgi.

– Nie muszę wam chyba przypominać, żebyście odprowadzili Natalię? – Popatrzyła z naciskiem na chłopaków.

– Eee... No jasne! – odpowiedzieli speszeni.

– Może pani być spokojna!

– Jeszcze raz bardzo dziękujemy!

– Mam nadzieję, że coś wam zostanie na stałe w głowach! – pożegnała nas pani Zielińska, a my wyszliśmy na ulicę – przepełnieni wiedzą z chemii i naprawdę dobrze wychowani.

Czekałam na sobotę. Potrzebny był mi dzień, w którym nie będę musiała nic robić. Marzyłam o tym, żeby do południa poleżeć w łóżku i w spokoju poczytać. Co prawda, musiałam się zabrać do szkolnej lektury, ale miałam nadzieję, że szybko się z nią uporam i wrócę do czegoś przyjemniejszego. Niestety. Moja mama miała wobec mnie inne plany. Zaraz po śniadaniu oznajmiła, że pojedziemy na zakupy.

– Ale dzisiaj? – Byłam naprawdę zaskoczona. Nie lubiła chodzić do centrum handlowego tak samo jak ja. A już na pewno nie w weekend.

– Znajdziesz lepszy termin? – odpowiedziała pytaniem na pytanie. – Potrzebujesz nowych spodni i bluzy, a ja akurat mam czas.

To takie typowe! Tylko dlatego, że w poniedziałek wyjeżdżaliśmy całą klasą na zieloną szkołę, chciała mi kupić coś nowego. Przed każdą podróżą musiałam iść z nią na zakupy, choćby po piżamę czy skarpetki. Dopiero wtedy miała poczucie, że jestem dobrze przygotowana do wyjazdu.

Za to spakować musiałam się już samodzielnie. Wieczorem włożyłam do plecaka kilka kompletów ubrań, dołożyłam kosmetyki, zeszyty i podręczniki, i właściwie byłam gotowa do drogi. Nigdy nie miałam z tym problemów takich jak Olga, która zadzwoniła do mnie bardzo zdenerwowana.

– Nie jestem w stanie spakować się do jednej walizki! Albo ubrania, albo podręczniki! Wszystkiego na pewno nie zmieszczę!

– Pamiętałaś o kurtce przeciwdeszczowej?

– Nie! – warknęła Olga.

– A o wygodnych butach? – ciągnęłam rozbawiona.

– Nie dobijaj mnie! – wyjęczała. – Jak lecę do taty, zawsze mam nadbagaż, a wracam zazwyczaj z dodatkową walizką!

– Olga, to tylko pięć dni!

– No i? Jeszcze moja matka nie chce mnie zawieźć pod szkołę. Mogę wziąć tylko tyle bagaży, ile jestem w stanie unieść!

– To naprawdę masz problem! – chichotałam.

– No weź, nie śmiej się ze mnie!

– Może powinnaś zamówić taksówkę?

– Jasne! Myślałam, że mi pomożesz...

– Olga. Sama wiesz, ile rzeczy potrzebujesz na tygodniowy wyjazd. To wcale nie jest dużo.

– Łatwo ci mówić! – chlipnęła. – Wolałabym pojechać z dwiema walizkami, niż z czegoś zrezygnować!

– Zawsze możesz wziąć jeszcze plecak – podsunęłam.

– Dzięki! Jest dla mnie nadzieja!

– Przyjść po ciebie rano?

– Nie trzeba. Chyba trafię sama – powiedziała i zakończyła rozmowę.

Sięgnęłam po książkę, ale zanim zaczęłam czytać, odebrałam jeszcze jednego SMS-a.

*Będę mogła dołożyć kilka rzeczy do Twojego bagażu? Please.*

*Nie ma problemu!* – odpisałam.

Od samego początku specjalnie dla niej zostawiłam trochę wolnego miejsca.

Tłum uczniów kłębił się na wąskim chodniku, a pierwsze autokary właśnie parkowały przy krawężniku. Trzysta osób z dziesięciu pierwszych klas wyjeżdżało na zieloną szkołę w tym samym czasie z tego samego miejsca. Wokół panował chaos, który nauczyciele próbowali opanować. Nieliczni rodzice stali z boku i nawet nie udawali, że potrafiliby im pomóc. Znalazłam osoby z mojej klasy i z ulgą zdjęłam plecak.

– Nie znoszę wycieczek! – gderał Adam. – Łóżka zawsze są niewygodne, jedzenie okropne, a pogoda paskudna.

– To po co jedziesz? – zagadnęłam.

– Ada mi kazała. – Wzruszył ramionami. – Nie miałem nic do gadania.

– Wolałbym spędzić ten tydzień w ciekawszym miejscu. – Leon tęsknym wzrokiem spoglądał na drzwi do przedsionka.

– Już to widzę! Przez pięć dni siedzimy na kamiennych stopniach i błagalnie wgapiamy się w kufer! – błyskawicznie odparował Maks. – Rzeczywiście! Ekstrarozrywka!

– Nie kłóćcie się, zresztą i tak musimy już wsiadać. – Ada podała torbę bratu. – Zaniesiesz ją do bagażnika? Pójdę zająć miejsca w autokarze.

Usiedliśmy obok siebie i nawet Olga, która faktycznie dołożyła całą reklamówkę ubrań do mojego plecaka, wyglądała na zadowoloną.

– O wiele lepiej gdzieś pojechać, niż chodzić do szkoły! – stwierdziła, z czym trudno było się nie zgodzić.

Nauczyciele podeszli do naszego wyjazdu bardzo ambitnie – zaplanowali, że przed południem będą się odbywać normalne lekcje. Choć lepiej byłoby powiedzieć, że w bardzo nietypowych warunkach próbowali je z nami przeprowadzić. Z mizernym skutkiem. Trudno było się skupić, kiedy tyle ciekawych rzeczy działo się tuż za oknami. Wiatr szumiał w koronach drzew, wśród gałęzi można było zauważyć wiewiórkę albo ptaka. A w oddali rozpościerała się piękna panorama górskich szczytów. Zdecydowanie to miejsce nie sprzyjało skupieniu się nad podręcznikiem!

Po obiedzie chodziliśmy na piesze wycieczki. Szkoda tylko, że ciągle musieliśmy się spieszyć, żeby zdążyć na kolację! Wolałabym chodzić wolniej i mieć czas na to, żeby się wszystkiemu dokładnie przyjrzeć. Za to wieczorem mieliśmy się integrować, żeby się lepiej poznać. Takie było założenie, ale zazwyczaj byliśmy zbyt zmęczeni i zostawaliśmy w swoich pokojach. Może o to właśnie chodziło? Po tak intensywnym dniu nie mieliśmy już energii, żeby się wygłupiać.

Tak czy inaczej, aż do czwartku realizowaliśmy sumiennie wszystkie punkty programu. W tym dniu pogoda pokrzyżowała nam plany.

Już od rana chmury wisiały nisko nad ziemią, a podczas obiadu zrobiło się tak ciemno, że nauczyciele zrezygnowali z wyjścia z ośrodka. Ledwo rozeszliśmy się do pokojów, kiedy rozpętała się prawdziwa nawałnica. Słychać było tylko wycie wiatru i uderzenia ciężkich kropel. Chwilę później rozległy się głuche grzmoty. Jaskrawa błyskawica rozdarła niebo, usłyszałyśmy trzask pioruna i zaraz zgasły wszystkie światła.

– No! Prądu nie będzie do rana – orzekła ze spokojem Ada. Pewnie dlatego, że na wsi awarie z powodu burzy zdarzały się regularnie. – Możemy od razu przebrać się w dresy, nic z nami nie zrobią w takich ciemnościach!

Poszłyśmy w jej ślady i wskoczyłyśmy pod ciepłe koce, nagle otworzyły się drzwi, a w progu stanęła nasza wychowawczyni.

– Ada, Olga i Natalia, prawda? – świeciła nam po oczach światłem latarki. – Nie wychodźcie na korytarz bez potrzeby, musimy jakoś przeczekać tę burzę. Kolacja będzie o siódmej – dorzuciła i szybko wyszła.

– Boją się, że się pozabijamy, czy co? – mruknęłam. – Chyba wszyscy mają latarki w telefonach?

– Nie chcą, żebyśmy się ganiali po całym ośrodku – domyśliła się Olga.

– Komu by się chciało? – Ada głośno ziewnęła. – Okropnie chce mi się spać! To straszne! Zmieniam się w Adama!

Nie minęło wiele czasu, kiedy znów ktoś zapukał do drzwi.

– Otwarte! – wrzasnęłyśmy zgodnym chórem.

Adam, Maks i Leon władowali się do środka.

– Co porabiacie?

– Odpoczywamy od was – zaczepnie odpowiedziała Olga.

– W ogóle za wami nie tęsknimy – dodałam.

– A my za wami tak! – odparował Adam. – Przynieśliśmy nawet słone paluszki w prezencie!

Od razu zrobili zamieszanie. Nie pytając nas o zgodę, przenieśli pod ścianę stół i krzesła, a potem rzucili na podłogę koce i poduszki. Ledwo zdążyli się ułożyć, a już Leon zaszeleścił celofanem z paluszkami.

– O kurka!

Za szybko chciał się do nich dostać i paluszki rozsypały się po całej podłodze.

– Coś ty narobił! Nie mamy nic innego do jedzenia! – zdenerwował się Adam.

– Musicie je wszystkie pozbierać! – przykazałam.

Nie do końca się to udało, bo większość paluszków została rozgnieciona, kiedy Leon i Maks zderzyli się w tych ciemnościach. Otumanieni, rozcierali obolałe czoła.

– Dobra, zostawcie to już. Później się posprząta!

– Przecież my mamy mnóstwo słodyczy! – przypomniała sobie Ada i sięgnęła po plecak. – Chcecie? – Bez ostrzeżenia rzuciła przed siebie garść cukierków.

– Auć! – Na podłodze znów się zakotłowało, po czym rozległ się szelest rozwijanych papierków.

– Co robimy? – zapytał Leon, przeżuwając czekoladkę.

– Szkoda, że jest tak ciemno… Chciałabym wam coś przeczytać – niepewnie zaczęła Olga.

– Nie gadaj? Przetłumaczyłaś wpis?

– Kiedy?

– Jesteś po prostu bosssska!

– To nie było takie trudne. – Słychać było, że jest z siebie dumna. – Zwłaszcza z notatkami Natalii – dodała pospiesznie.

– Czytaj, już czytaj!

– Poświecimy ci latarkami!

**Breslau, 15 września 1945**

*Od dzisiaj ulica, przy której mieszkamy, nosi nową nazwę. Tabliczka z nazwą Hedwigstrasse została zdjęta, na jej miejscu zawieszono ul. Mikołaja Reja. Nie mam pojęcia, kim był ten człowiek. Pewnie kimś ważnym dla Polaków.*

*Wciąż czekamy na nakaz wyjazdu, a mama każdego dnia zastanawia się, co powinniśmy zabrać ze sobą. Nie możemy spakować całego naszego dobytku. Niełatwo się z tym pogodzić. Gdyby nie moja noga! Byłbym w stanie więcej unieść, gdybym tylko był zdrowy.*

*Mama nie lubi, kiedy narzekam. Powtarza, że przeżyłem wojnę właśnie dlatego, że jestem kaleką. Powinienem dziękować Bogu za moją krótszą nogę, bo dzięki niej żyję.*

*Sprzedajemy niepotrzebne sprzęty. Najbardziej zadowolona jest Hannah, podoba jej się puste* mieszkanie. Bawi się echem, chowa do opróżnionych szafek. Dla niej wszystko jest zabawne. Nawet to, że każdego wieczoru przesuwamy ciężką dębową szafę pod drzwi wejściowe. Niedobrze jest żyć w strachu. Lepiej byłoby już stąd wyjechać.

Nie mogę już wytrzymać życia w zamknięciu.

**Późnym wieczorem**
Znów się udało!
Udało mi się przenieść do Breslau!
Musiałem się wyrwać, wyjść choćby na chwilę.
Jak tylko mama z Hannah wyszły, wymknąłem się do mojej dawnej szkoły. Miałem ochotę przejść się po korytarzach, zajrzeć do pustych sal lekcyjnych. Tym razem jednak nie byłem sam. Nie czułem się bezpiecznie. Jacyś ludzie byli w szkole, słyszałem ich kroki, huk przewracanych sprzętów, brzęk tłuczonego szkła. Ostrożnie wyjrzałem na korytarz i od razu dostałem książką w głowę. Ktoś zrzucał je z drugiego piętra na wewnętrzny dziedziniec, na którym płonęło ognisko. Słyszałem kilka głosów. To byli Polacy. Śmiali się głośno, nawoływali. Wyglądało na to, że świetnie się bawią.

Pomyślałem, że bezpieczniej będzie wrócić do domu. Podniosłem książkę i cofnąłem się do przedsionka, ale kiedy schodziłem po schodach, potknąłem się i upadłem na posadzkę. Chyba straciłem na chwilę przytomność.

Kiedy się ocknąłem, jakiś człowiek o mało co przewróciłby się o moje nogi.

– Zmykaj stąd, tylko przeszkadzasz! – rzucił gniewnie i pobiegł dalej.

Usiadłem i wtedy do mnie dotarło, co się stało.

Po raz kolejny przedsionek przeniósł mnie w czasie!

Tym razem trafiłem w sam środek zimy. Było przeraźliwie zimno, a na dodatek zaczął padać śnieg. Rozejrzałem się. Tuż obok mnie leżał gruby wojskowy płaszcz.

Bez namysłu naciągnąłem go na siebie.

Wtedy usłyszałem przeciągły jęk. Nieopodal zauważyłem rannego żołnierza, krew przesiąkała przez jego mundur. Pochyliłem się nad nim, a wtedy powietrze przeciął świst kul. Skuliłem się i padłem na ziemię.

Wojna?

Która to wojna?

Nie miałem pojęcia.

Nie wiedziałem nawet, gdzie jestem.

Nie miałem kogo zapytać.

Żołnierze byli bardzo zajęci. Pośpiesznie zajmowali miejsca przy murach obronnych. Wróg czaił się tuż za nimi.

*Bronili miasta. Jak wtedy, gdy Breslau zostało ogłoszone twierdzą[10].*

*Spojrzałem za siebie.*

*Miasto płonęło. Ogień z łatwością zajmował drewniane budynki.*

*Widziałem już takie domy – podczas pierwszego przeniesienia w czasie.*

*Musiałem się dowiedzieć, kto tym razem zagraża Breslau.*

*Ostrożnie wdrapałem się na wzniesienie. Poczekałem, aż umilkną działa, i wychyliłem się ponad mury obronne.*

*U podnóża szerokim korytem płynęła Odra. Za nią na pokrytej śniegiem równinie stały liczne oddziały wojska. Właśnie zwróciłem uwagę na to, że przetaczają działa armatnie, kiedy ktoś pociągnął mnie za płaszcz. Zjechałem po stromym zboczu.*

*– Chcesz stracić głowę? – usłyszałem.*

*– Cholerni Francuzi – zaklął ktoś inny. – Cholerny Bonaparte!*

*Bonaparte. Tego nazwiska nie można było zapomnieć. Uczyliśmy się o nim na historii. Który to był rok? Wtedy wojsko pod dowództwem Hieronima*

---

[10] W sierpniu 1944 roku decyzją gauleitera Dolnego Śląska Karla Hankego miasto Breslau zostało ogłoszone twierdzą. Po trzymiesięcznym oblężeniu 6 maja 1945 roku Breslau skapitulowało jako jedno z ostatnich miast niemieckich.

*Bonapartego oblegało Breslau. Zajęło im to prawie dwa miesiące. Później miasto się podda, a Bonaparte odbierze akt kapitulacji.*

– Który mamy rok? – zapytałem szeptem jednego z żołnierzy.

– Jeszcze kilka dni i zacznie się tysiąc osiemset szósty – westchnął. – Od miesiąca tkwimy uwięzieni w najgorszym miejscu na ziemi.

*Wyciągnął z kieszeni niedużą płaską butelkę. Pociągnął spory łyk, a potem mi ją podał.*

– Masz mały, musisz się rozgrzać.

*Zakrztusiłem się, ale udało mi się przełknąć palący płyn.*

– Lepiej wracaj do domu. Tutaj naprawdę można zginąć!

*Łatwo powiedzieć.*

*Nieoczekiwanie zrobiło się całkiem cicho.*

– Na dzisiaj chyba już koniec! Francuzi mają dosyć!

– Rozstawić warty, reszta może zejść z pozycji!

*Było mi ich żal.*

*Patrzyłem na zmęczonych, zmarzniętych żołnierzy. Dobrze wiedziałem, że nie mają szans.*

*Nawet te mury, których bronili z takim poświęceniem, zostaną rozebrane, a Breslau na kilka lat przejdzie pod francuskie panowanie.*

*Będą musieli się podporządkować.*

*Tak samo jak my, breslauerzy – uświadomiłem sobie.*

*Żołnierze gromadzili się przy kotle, pod którym płonęło ognisko. W powietrzu unosił się zapach jedzenia, aż zakręciło mi się w głowie. Spojrzałem błagalnym wzrokiem na kucharza.*

*Machnął ręką w moją stronę.*

*Podał mi menażkę z zupą i dwie grube kromki chleba.*

*Podziękowałem z ogromną wdzięcznością i usiadłem na płaskim kamieniu.*

*Schowałem chleb i zabrałem się do jedzenia. Z każdą chwilą robiło mi się coraz cieplej. Czułem senność i ogromne zmęczenie. Chciałem odpocząć, choćby przez krótką chwilę.*

*Zamknąłem oczy.*

*Kiedy się ocknąłem, znów byłem w przedsionku.*

*Zerwałem się na równe nogi, przerażony, że coś może mi się stać. Ale w szkole nikogo już nie było. Panowała cisza. Za to na posadzce leżał podręcznik. Historia państwa niemieckiego – głosił napis na okładce.*

*Wciąż miałem na sobie żołnierski płaszcz, a kiedy włożyłem rękę do kieszeni, namacałem w niej dwie kromki chleba. W drugiej kieszeni znalazłem nieduży sztylet. Na klindze wyrzeźbiono datę – 1806.*

*Już zawsze będę pamiętał, kiedy miała miejsce kampania napoleońska!*

*Za pierwszym razem myślałem, że to wszystko mi się przyśniło. Choć nie potrafiłem wyjaśnić, jak udało mi się przynieść ze snu chleb.*

*Ale teraz jestem już pewien.*

*To dzieje się naprawdę.*

*W przedsionku działa wehikuł czasu.*

*Nie wiem, jak to jest możliwe. Dlaczego uruchomił się właśnie teraz?*

*Dlaczego przenosi właśnie mnie?*

*Nie mam z kim o tym porozmawiać.*

*Będę musiał sam zająć się tą sprawą.*

– Tralalalala! – triumfował Leon, gdy Olga zakończyła czytanie. – A nie mówiłem? Podróże w czasie naprawdę są możliwe!

– Moim zdaniem Hugo mógł mieć halucynacje z głodu. – Maks próbował znaleźć racjonalne wyjaśnienie.

– A sztylet?

– A płaszcz?

– Ludzie, przecież wojna dopiero co się skończyła! W tamtych czasach nietrudno było znaleźć broń, nie mówiąc już o mundurze! Cały ten pamiętnik może być wytworem fantazji, a wy bezmyślnie we wszystko wierzycie!

Zapadła cisza.

Analizowaliśmy słowa Maksa.

Czułam, że to nie jest do końca spójne, ale trudno było mi wyrazić wątpliwości.

– Hugo pisał pamiętnik tylko dla siebie. Czemu miałby zmyślać? – powiedziałam powoli.

– Może właśnie dlatego? Chciał uciec od koszmarnej rzeczywistości? Swoją drogą, nie miałem pojęcia, że te powojenne lata były tak trudne.

– Ech, mów sobie, co chcesz. Ja po prostu chciałabym przenieść się w czasie – rozmarzyła się Ada.

– Poważnie? – prychnęła Olga. – Po co? W przeszłości nie ma nic ciekawego! Te wszystkie wojny? Trupy na ulicach? Ja bym się bała.

– Hugo wraca za każdym razem. – Ada nie dała się zbić z tropu. – Czemu akurat mnie miałoby się stać coś złego?

– Hm, tego właściwie jeszcze nie wiemy – zaczął ostrożnie Leon. – Być może Hugo został uwięziony w przeszłości.

– Żeby się dowiedzieć, musimy przetłumaczyć cały pamiętnik – podsumowałam.

– Czyja teraz kolej?

– Chyba Adama – odezwała się Ada. – Słyszysz? Powinieneś się zabrać do swojego fragmentu!

– Adam!

– Nie uwierzycie, ale on zasnął na tej twardej podłodze!

– Śpi jak zabity!

Rzeczywiście. Skulił się w kłębek i spał, posapując cicho jak małe dziecko.

– No nie! A ja się tak męczyłam! – Olga rzuciła w niego jaśkiem.

– Daj spokój, nie obudzisz go w ten sposób! Jak znam mojego brata, będzie tu spał do samego rana.

– Ciekawe tylko, co na to powiedzą nauczycielki?

– Chodźmy już na kolację – podjęła decyzję Ada. – Przyniosę mu jakieś kanapki, jedynie zapach jedzenia może przywrócić go do życia!

Kiedy po posiłku wróciliśmy do pokoju, Ada postawiła talerz tuż przed nosem brata. Adam na chwilę przestał oddychać, a potem wciągnął głęboko powietrze i w końcu otworzył oczy. Wreszcie usiadł, rozejrzał się wokoło i podrapał po głowie.

– Co jest? – zapytał nieprzytomnie.

– Ty! Ty ignorancie ty! Jak mogłeś? – Olga była naprawdę wściekła.

– Ja tak naprawdę wcale nie spałem! – bronił się nieudolnie. – Byłem pewien, że właśnie skończyłaś czytać.

– Tyle że nie masz pojęcia, o czym był wpis Hugona! – oburzaliśmy się.

– *Sorry*, musicie mi wybaczyć. – Adam ugryzł kanapkę. – Próbowałem wejść w klimat i wszystko sobie wyobrazić, a potem nie mogłem już nic zrobić, taka ogarnęła mnie senność! Chętnie bym się dowiedział, co się wydarzyło podczas tego przeniesienia.

– Nie ma mowy! Straciłeś swoją szansę! – odgrażała się Olga.

– Obiecuję, że jak tylko wrócimy do Wrocławia, zabiorę się do mojego tłumaczenia – kajał się Adam. – Może wtedy mi wybaczysz?

Chwilę później do naszego pokoju zajrzała wychowawczyni. Wygoniła chłopców do siebie, a nam kazała kłaść się do łóżek.

Nie mogłam zasnąć. Wierciłam się, a ledwie udało mi się ułożyć, znów wybudzał mnie porywisty wiatr. Zapisy z pamiętnika i przeżycia Leona zlewały się w jedną całość, a do tego przypominały mi się wyrwane z kontekstu niemieckie słówka. Kiedy wreszcie udało mi się zasnąć, do rana śniłam o przedwojennym Breslau.

Następnego dnia po południu wróciliśmy już do Wrocławia. Autokar zatrzymał się w tym samym miejscu, tuż przy wejściu do przedsionka.

– Stęskniłam się za tym budynkiem! – przyznała Ada. – Choć czuję się z tego powodu bardzo głupio!

– My też! – roześmialiśmy się.

– Musimy się jak najszybciej spotkać w przedsionku – powiedziałam. – Chciałabym znaleźć mapę, na której Hugo zaznaczył ostatnie przeniesienie.

– Ciekawe, gdzie dokładnie stały te mury obronne – podchwycił Leon.

– Nie mam bladego pojęcia, o czym mówicie – żałośnie westchnął Adam. – Nie macie dla mnie litości!

– Znaj moje dobre serce! – Olga wcisnęła mu do ręki plik kartek i spojrzała na niego groźnie. – Bierz się do tłumaczenia!

– Dziękuję! Dziękuję! Miałem nadzieję, że się nade mną ulitujesz! – Adam złożył ręce i pokłonił się nisko.

– Chodź już do domu, zła królowo! – roześmiałam się i pociągnęłam Olgę za sobą.

Zapowiadał się jeden z przyjemniejszych weekendów. Zamierzałam robić to, na co przyjdzie mi ochota, bo nie zadali nam żadnych prac domowych.

Przynajmniej teoretycznie miałam czas dla siebie, bo tak naprawdę musiałam się zająć problemami Olgi. Dla mnie były to kwestie zupełnie nieistotne, ale ona zachowywała się tak, jakby świat miał się za chwilę skończyć.

Zadzwoniła w sobotę po południu i od razu zaczęła jęczeć.

– Wchodziłaś na stronę naszej szkoły? W piątek będzie dzień bez mundurka!

– Świetnie! Czekałaś na to od początku września!

– To kompletna porażka! Nie mam teraz kasy, a mama nie chce wydawać pieniędzy na ciuchy, skoro i tak nie mogę w nich chodzić!

– Halo, Olga! W tej szkole nikt jeszcze nie widział twoich ubrań – przypomniałam. – Możesz włożyć cokolwiek.

Ups!

Ale się wściekła!

– Jesteś tego pewna? – wycedziła lodowato. – Wyrosłam ze wszystkich najładniejszych bluzek! Zresztą przyjdź do mnie, to sama zobaczysz.

– Niech będzie – westchnęłam ciężko. Nie bardzo miałam na to ochotę.

– Wiesz, że cię potrzebuję – powiedziała Olga z naciskiem. – Liczę na ciebie.

– Wiem, wiem. Przyjaźnimy się od tylu lat… Powinnam pamiętać o tym, jak strój jest dla ciebie ważny.

– No właśnie! – fuknęła. – Ja ci nie wypominam, że ciągle czytasz książki.

– A ja tego, że ty nie czytasz – odgryzłam się.

– Proszę, nie zostawiaj mnie samej!

– Przyjdę do ciebie, ale tylko na pół godziny – zastrzegłam.

– Dzięki! – zaszczebiotała. – Wiedziałam, że się zgodzisz!

Ledwo weszłam, od razu zaciągnęła mnie do pokoju. Na łóżku piętrzył się już stos ubrań. Olga usadziła mnie w fotelu, a sama zajęła się przymierzaniem bluzek.

– Przez ten głupi mundurek wyrosłam z najlepszych ciuchów! – rzuciła kolejny T-shirt w kąt.

– A co myślisz o tym? – Podałam jej zwykłą, jednobarwną koszulkę.

– Oszalałaś? – Olga schowała T-shirt pod poduszkę i zrozpaczona rzuciła się na łóżko. – Potrzebuję kasy! Muszę iść na zakupy!

– Zdajesz sobie sprawę, ile trzeba będzie czekać na kolejny dzień bez mundurka? – zachichotałam.
– Znowu urośniesz…

– Nieważne. Nie cierpię mieć tak mało ubrań – odpowiedziała ponuro.

Zamiast ją pocieszyć, sięgnęłam po telefon i odczytałam SMS-a od Ady.

*W przyszłą sobotę robimy ognisko u nas na wsi. Przyjedziesz?*

*Jasne!* – odpisałam bez namysłu, a Olga znów zaczęła jęczeć, bo dostała taką samą wiadomość.

– Zmówiliście się? Akurat dostanę kieszonkowe, chciałam je od razu wydać!

– E tam, ognisko jest lepsze od zakupów! Nawet jeśli będziesz musiała pojechać w mundurku! – roześmiałam się, a wtedy Olga rzuciła we mnie skłębionymi ciuchami.

– Wypluj te słowa! Nigdy, przenigdy nie wybaczę wam, że zmusiliście mnie do nauki w gimnazjum, w którym obowiązują mundurki!

W sobotę rano wyszłam z domu obładowana plecakiem, karimatą i śpiworem. Kiedy mijałam dom Olgi, pomyślałam, żeby do niej zadzwonić, ale ostatecznie zrezygnowałam. Byłam pewna, że już czeka na przystanku, ona się nigdy nie spóźnia. Jednak kiedy dotarłam na plac Reagana, przy którym znajdował się przystanek, zauważyłam tylko chłopaków. Na mój widok zaczęli wymachiwać rękami, dając mi znać, żebym się pospieszyła. Jakbym sama nie wiedziała, że zostało niewiele czasu do przyjazdu autobusu!

Zbiegłam do przejścia podziemnego, a kiedy pokonałam schody prowadzące na przystanek, przez dłuższą chwilę nie mogłam złapać tchu.

– Gdzie Olga? – gorączkowali się.

– Jeszcze jej nie ma? – zapytałam głupio. – Pewnie zaraz przybiegnie.

– Ma tylko minutę. – Maks zerknął na tablicę świetlną.

– Ojejku... Dzwoniliście do niej?

Autobus nadjechał, zanim zdążyli odpowiedzieć.

– Musimy wsiadać! – ponaglał Leon.

Rozejrzałam się bezradnie.

– Natalia, na co czekasz?

– Nie wydaje wam się to dziwne? – zapytałam, kiedy zajęliśmy już miejsca. – Przecież Olga zawsze odbiera telefon.

– Może go zgubiła?

– Albo postanowiła, że jednak pójdzie najpierw na zakupy! – przyszło mi do głowy najprostsze wytłumaczenie i przestałam się o nią martwić.

O tej porze ulice wciąż były puste. Wyjechaliśmy z centrum, a potem minęliśmy park pokryty dywanem kolorowych liści. Zanim dotarliśmy na obrzeża miasta, przejechaliśmy przez kilka mostów. Wreszcie znaleźliśmy się poza granicami Wrocławia, a po chwili autobus zatrzymał się na wiejskim przystanku, gdzie czekali już na nas bliźniacy.

– Olga nie przyjechała? – zmartwiła się Ada, ale zaraz znalazła dla niej wymówkę. – Pewnie przyjedzie kolejnym autobusem. Adam, pamiętaj, trzeba będzie po nią wyjść!

– Dobrze, już nie marudź – zbył ją brat i zabrał ode mnie plecak.

Wioska rozrastała się w błyskawicznym tempie. Od kiedy byłam tu po raz ostatni, pojawiło się sporo nowych domów, a nawet kilka niewysokich bloków. Zwłaszcza po ruchu ulicznym można było zauważyć, że przybyło sporo mieszkańców; samochody pędziły jeden za drugim jak w centrum miasta.

– Jadą na zakupy – powiedziała Ada. Z niechęcią, bo przez dłuższą chwilę musieliśmy czekać na przejściu dla pieszych.

– Co za buraki! Żaden się nie zatrzyma – podchwycił Adam i w tej samej chwili udało nam się w końcu przejść na drugą stronę.

Skręciliśmy w spokojną i cichą uliczkę. Stały przy niej przedwojenne wille w otoczeniu rozłożystych drzew i krzewów. W jednej mieszkali bliźniacy, razem z dziadkami i mamą. Dom był piętrowy, miał spadzisty dach i niewielką werandę.

– Jak ja bym chciała tutaj mieszkać! – Ten budynek zawsze mnie zachwycał.

– Po pierwszej zimie zmieniłabyś zdanie – powiedziała z przekonaniem Ada. – Codzienne dojazdy do szkoły też są wkurzające, ale poza tym rzeczywiście to miejsce jest cudowne. Zwłaszcza podczas wakacji.

– Zostawcie rzeczy na werandzie i chodźcie do sadu! – zaprosił Adam.

– Można? – Maks, nie czekając na pozwolenie, sięgnął po jabłko. – Rewelacja! Dzisiaj spróbuję owoców ze wszystkich drzew!

– To będzie trudniejsze, niż ci się wydaje – ostrzegł Adam. – Mnie się to nigdy nie udało.

Rzeczywiście, sad był ogromny. Rzędy drzew ciągnęły się daleko, aż pod las, a każde uginało się od ciężkich, dojrzałych owoców. Chłopcy zajęli się zrywaniem, a my wyciągnęłyśmy leżaki i ustawiłyśmy je w plamie słońca. Było nam błogo, cudownie cicho i ciepło. Przymknęłam oczy.

Chwilę później Ada wyciągnęła z kieszeni wibrujący telefon. Dzwoniła Olga.

– Mama ją przywiezie. Rano źle się czuła i nie mogła wstać – przekazała mi treść rozmowy.

– Szkoda, że nas nie uprzedziła – odpowiedziałam sennie.

– Pewnie nie przyszło jej to do głowy!

– Nie wpadła na to, że możemy się o nią martwić.

– Niestety.

– Cała Olga!

W końcu zaczęłyśmy marznąć, a wtedy chłopcy postanowili pójść do lasu po gałęzie na ognisko.

– Wy zajmijcie się przygotowaniem jedzenia! – polecił Adam.

– Jasne! Kobiety do kuchni! – oburzyła się Ada.

– Lepiej będzie, jak na was poczekamy – zadecydowałam. – Tu jest zbyt pięknie, żeby zajmować się pracą.

– Ech, dziewczyny! – roześmiał się Leon. – Z wami tak zawsze. Przynieść, podać i jeszcze chwalić, jak ładnie zjadłyście!

Zabrali ze sobą siekierkę i poszli. Ada przyniosła z domu koce, żebyśmy mogły się przykryć. Miskę pełną śliwek postawiła na stoliku.

– Spróbuj – zachęcała. – Dostajemy te śliwki od sąsiadki, są nieziemsko dobre!

Rzeczywiście, owoce były soczyste i bardzo słodkie, aż sok ściekał mi po palcach.

– Ale się upaprałam! – Chciałam pójść umyć ręce, ale zanim weszłam do domu, zauważyłam Olgę.

– Jesteś nareszcie! – ucieszyłam się.

– Przyjechałabym wcześniej, ale moja mama jak zwykle zabłądziła. Ona się nie nadaje do jazdy poza miastem.

– Daj plecak, zabiorę go do domu – odezwała się Ada i spojrzała w stronę lasu. – Strasznie dużo czasu im zajmuje zbieranie tych gałęzi.

Umyłam dokładnie ręce i wróciłam do Olgi, która właśnie sięgała po ostatnią śliwkę.

– Jak dobrze znów tu być! – wyznała z tajemniczą miną.

– Nie mów, że przekonałaś się do uroków wsi?

– To nie ma nic do rzeczy. Nie wyobrażasz sobie nawet, co mi się wczoraj przytrafiło – powiedziała i teatralnym gestem przyłożyła dłoń do czoła. – Znów zaczyna mnie boleć, a wzięłam już dwie tabletki!

– Czy ty…? – Wpatrywałam się w nią szeroko otwartymi oczami.

– Nic ci nie powiem. – Olga popatrzyła na mnie z wyższością. – Musisz poczekać, aż wszyscy przyjdą.

– Przeniosłaś się! Przeniosłaś się, prawda?

Ale zanim zdążyła cokolwiek powiedzieć, Ada do nas przybiegła.

– Chłopaki wracają! Musimy się zabrać do przygotowywania tych nieszczęsnych kiełbasek!

– Olga się przeniosła – powiedziałam szybciej, niż zdążyłam pomyśleć.
– Co? – Nie zrozumiała.
– Olga. Była. W Breslau.
– Kiedy? Jak?
– Wczoraj po południu.
– O kurka! Jak było?
– Nieprawdopodobnie. – Olga uśmiechnęła się po raz pierwszy. – Mimo że koszmarnie boli mnie głowa, chciałabym przenieść się tam jeszcze raz!
– Zaraz nam wszystko opowiesz, tylko chodźmy do kuchni! – poprosiła Ada.
– Nie ma mowy! Dopiero kiedy wszyscy przyjdą!

Zanim chłopcy uznali, że mamy wystarczającą ilość drewna, obrócili jeszcze dwa razy do lasu i z powrotem. Zdążyłyśmy wszystko przygotować, zaniosłyśmy jedzenie do sadu i jeszcze miałyśmy czas na to, żeby napić się herbaty.

W końcu zabrali się do rozpalania ogniska. Szło to nieco opornie, ale kiedy dołożyliśmy kilka starych gazet, ogień zapłonął mocnym płomieniem.

– Szybko, szybko! – Adam pospiesznie nabijał kiełbasy na patyki.

– Umieram z głodu! – Leon niecierpliwie zapychał się suchym chlebem.

– Zróbcie dla nas miejsce przy ogniu! – domagałyśmy się.

Dopiero kiedy zaspokoiliśmy pierwszy głód, mogliśmy zająć się spokojnym pieczeniem kolejnych kiełbasek. Siedzieliśmy na pniach wokół ogniska i cierpliwie obracaliśmy patyki w dłoniach.

– Mogłabym tak siedzieć przez całą noc! – powiedziałam rozmarzonym głosem.

– Mamy za mało drewna. – Ada jak zawsze miała praktyczne podejście.

– Mogę wam w końcu coś opowiedzieć? – odezwała się Olga.

– W końcu! – jęknęłam. – Myślałam, że nigdy nie zaczniesz!

– Gdzie zostałaś przeniesiona? – włączyła się Ada.

– Olga była w Breslau? – dopytywał się Leon. – Dopiero teraz o tym mówi?

– Wcześniej myśleliście tylko o żarciu! – uświadomiła mu Olga. – Dobra, dajcie mi opowiedzieć, bo inaczej nigdy nie zacznę!

## Opowieść Olgi

– Wczoraj zaraz po szkole wybierałam się do centrum handlowego – zaczęła Olga. – Nie chciało mi się nosić plecaka, więc postanowiłam, że zostawię go w przedsionku. Jak tylko weszłam, drzwi zamknęły się za mną. Trochę mnie to nawet zdziwiło... Pamiętałam, że zazwyczaj trzeba je było domykać, ale nie chciało mi się nad tym zastanawiać. Chciałam jak najszybciej wyjść. Wtedy usłyszałam dziwny dźwięk. Jakby nadjeżdżał tramwaj...

– Przecież na Reja nie ma nawet torowiska! – przerwał jej Maks.

– Słyszałam wyraźnie – upierała się Olga. – Zadzwonił dzwonek, a potem rozległ się pisk hamulców...

– Robi się groźnie! – znów się wtrącił, ale czym prędzej go uciszyliśmy.

– Wystraszyłam się, a wtedy drzwi same się otworzyły i potknęłam się o wysoki stopień...

– Tam nie ma żadnych schodów! – Tym razem Leon nie wytrzymał.

– Doskonale o tym wiem, Leonku – powiedziała Olga słodko. – Drzwi się zamknęły, a ja uświadomiłam sobie, że właśnie wsiadłam do tramwaju!

– Jak to???

– Ja tego też nie rozumiem. – Wzruszyła ramionami. – Zresztą byłam tak skołowana, że zrobiło mi się słabo. Jakiś starszy pan złapał mnie w ostatniej chwili i posadził na krzesełku. Podziękowałam, a wtedy on jakoś dziwnie spojrzał i zaczął mówić po niemiecku. Nic nie zrozumiałam! Co gorsza, dołączył do niego facet w mundurze. Zaczęli mnie o coś pytać, a ja nie miałam pojęcia, co odpowiedzieć. Patrzyłam bezradnym wzrokiem i marzyłam, żeby zostawili mnie w spokoju. Wreszcie dotarło do nich, że się ze mną nie dogadają. Ten facet w mundurze wcisnął mi do ręki bilet na tramwaj, a ja nagle poczułam, że trzymam w dłoni kilka monet. Do dzisiaj nie mam pojęcia, skąd się tam wzięły! Zapłaciłam i w końcu dali mi spokój. Ten dziwny starszy pan wysiadł na kolejnym przystanku, a ja mogłam odetchnąć. Wreszcie nikt nie zwracał na mnie uwagi.

Wtedy poczułam, że jest mi cholernie niewygodnie! Ubranie skutecznie krępowało moje ruchy. Spojrzałam w dół… Miałam na sobie niewiarygodnie brzydką sukienkę! – Olga skrzywiła się z obrzydzeniem.

Na widok jej miny nie mogłam się powstrzymać od śmiechu.

– Była obcisła i miała bardzo wąskie rękawy. Ale i tak najgorszy był kapelusz. – Wzdrygnęła się. – Słomkowy garnek, zawiązany pod brodą na wielką kokardę!

– A ty narzekasz na mundurek! – rechotałam.

– Och, zapomniałabym! Jeszcze buty! Ohydne, czarne trzewiki do połowy łydki! Myślałam, że się spalę ze wstydu!

– Dobrze, że nikt ze znajomych nie mógł cię zobaczyć!

– Musiałam przestać o tym myśleć, żeby nie zwariować – dodała Olga najzupełniej poważnie. – Na szczęście nie ja jedna wyglądałam jak pajac. Wszyscy ludzie w tramwaju ubrani byli równie koszmarnie.

– Czy wiesz, co to była za trasa? – zainteresował się Adam. – Gdzie ten tramwaj jechał?

– To były chyba Krzyki[11] – powiedziała Olga z namysłem – ale nie jestem pewna. Wiecie, wszystko wyglądało zupełnie inaczej. Jakby to nie był Wrocław. Strasznie mało samochodów jeździło po ulicach.

– Kiedy ja się przeniosłem, nie widziałem ani jednego! – powiedział Leon.

– Nie masz czego żałować. Wyglądały bardzo dziwacznie i staro! Co ciekawe, w żadnym nie zauważyłam ani jednej kobiety!

– Może to przypadek? – zastanawiała się Ada[12].

– Nie mam bladego pojęcia!

---

[11] Dzielnica Wrocławia.
[12] To wcale nie był przypadek. Na początku XX wieku lekarze odradzali kobietom poruszanie się automobilami ze względu na ich delikatne zdrowie.

– Co było dalej? – niecierpliwiłam się.

– W końcu tramwaj wjechał na Rynek! To było tak dziwne, że musiałam zobaczyć na własne oczy! – Olga pokręciła głową. – Wysiadłam i znalazłam się przed Feniksem![13]

– Wcale nas to nie dziwi! W końcu chciałaś pójść na zakupy!

– Ale do Feniksa? Olga, to nie twój styl!

– W tamtych czasach wyglądał po prostu bajecznie! – ciągnęła, nie zwracając uwagi na nasze docinki. – Jak luksusowy dom handlowy z najlepszej dzielnicy Paryża. Przede wszystkim wejście. Wysokie drzwi, aż do pierwszego piętra. Powyżej ogromne okna, a na ostatnim piętrze niewielki balkon. Dach ozdobiony był niedużą wieżyczką, na której umieszczono gigantyczną szklaną kulę. Mieniła się w słońcu i przyciągała wzrok lepiej niż największa reklama. Teraz rozumiecie. Choć Feniksa omijam z daleka, po prostu musiałam wejść do środka!

– To się rozumie samo przez się! – wymruczał Adam.

– Znalazłaś jakieś fajne ciuchy?

– Zapomnij! W ogóle nie było tam ubrań! – odpowiedziała z naciskiem.

– Jak to możliwe?!

---

[13] Dom Handlowy Feniks.

– A jednak! Mnóstwo stoisk z tkaninami, ogromna pasmanteria, dział z kapeluszami, rękawiczkami, parasolkami i tyle! Sprawdziłam dokładnie na każdym piętrze.

– Czy w tamtych czasach ludzie chodzili tylko do krawca? – przyszło mi nagle do głowy.

– Faktycznie! Nie wpadłam na to! Teraz sobie przypominam, że najwięcej osób kupowało materiały! Mieli naprawdę ogromny wybór! Najdziwniejsze jednak było to, że cały ten przepych i luksus ogromnie mnie zmęczyły. Te wszystkie lustra i migoczące żyrandole! Nawet gałki przy szufladach i klamki w drzwiach lśniły złotym blaskiem. Poczułam się tym przytłoczona. Szukałam spokojnego miejsca, w którym mogłabym odpocząć. Zauważyłam napis „Café", więc wjechałam schodami ruchomymi do kawiarni, która mieściła się na ostatnim piętrze. Potrzebowałam coli z lodem!

– Której zapewne nie było – wtrącił Maks.

– Nie mam pojęcia, może i znali już coca-colę? Nie udało mi się jej zamówić, bo w kawiarni wszyscy palili papierosy! Powietrze było siwe od dymu. Zaczęłam się dusić, kaszleć i płakać, wszystko naraz. I znów gapili się na mnie, jakbym była jakimś dziwolągiem! W końcu kelner się ulitował i podał mi szklankę wody. Dopiero wtedy odpuściło. A kiedy już schodziłam po schodach, strasznie mnie rozśmieszyło to, że nic nie kupiłam. Jak zawsze, wychodziłam z Feniksa z pustymi rękami.

– Nic się nie zmieniło!

– Byłaś jeszcze w innym miejscu?

– Nie. Byłam przy drzwiach wyjściowych, kiedy kufer przeniósł mnie z powrotem. Zakręciło mi się w głowie, a po chwili byłam już w przedsionku.

– Aha. Świetna bajeczka. – Maks sceptycznie pokiwał głową. – Mamy ci tak po prostu uwierzyć?

– Nie musicie. Być może to was przekona. – Sięgnęła do kieszeni i wyciągnęła bilet tramwajowy i kilka niemieckich monet.

– Niemieckie fenigi! – zachwycił się Leon.

– Przyznaj się, Olga. Znalazłaś je w przedsionku? – Maks nie odpuszczał.

– Jasne! – oburzyła się. – Szperanie po zakurzonych kątach to moje ulubione zajęcie!

– Leona mogę zrozumieć, zawsze chodzi z głową w chmurach. Hugo też mógł sobie wszystko wymyślić, nawet go nie znamy – westchnął Adam. – Ale Olga? Nie chce mi się wierzyć, żeby to wszystko zmyśliła.

– Nie wierzycie mi? – zaperzyła się.

– Ja ci wierzę – odezwał się Leon.

– Ja też – przytaknęłam.

– A ja próbuję przekonać siebie samego, że podróże w czasie naprawdę są możliwe – wyznał Adam.

– Jak twoja głowa? – zmieniła temat Ada.

– Wczoraj czułam się koszmarnie – powiedziała z przejęciem – aż straciłam ochotę na zakupy! Od razu poszłam do domu.

– Naprawdę macie jeszcze jakieś wątpliwości? – roześmiałam się. – Olga nigdy nie rezygnuje z pójścia do centrum handlowego!

– No wiesz! – oburzyła się – W życiu tak nie cierpiałam!

– *Jet lag* w stuletnim wydaniu! – podsumował Leon.

– Ciekawe, który to był rok – spytał od niechcenia Maks, grzebiąc patykiem w żarze.

– Już sprawdziłam w Internecie. Feniks zbudowano w 1904 roku, a w 1929 zdemontowano szklaną kulę na dachu. Ja ją widziałam. Poza tym tramwaje elektryczne pojawiły się w Breslau w 1911 roku – wyrecytowała Olga jak przykładna uczennica.

– Czyli twoje przeniesienie wypadło pomiędzy rokiem 1911 a 1929 – uściślił Adam.

– Niemal sto lat temu – zadumała się Ada. – Dlaczego zawsze tyle?

– Może wehikuł ma ograniczenia czasowe? – podsunęłam.

– A ja się ciągle zastanawiam nad tym, czy ktokolwiek w szkole wie o tym, co dzieje się w przedsionku? Może to wejście zostało celowo zamurowane? – spytała Olga.

– Moim zdaniem nikt nie ma o tym zielonego pojęcia – powiedział pewnie Maks. – Chcą tylko mieć kontrolę nad tym, kto wchodzi i wychodzi ze szkoły. Taka mała obsesja na punkcie bezpieczeństwa.

– A może te przeniesienia są karą dla tych, którzy nie lubią języka niemieckiego? – zażartowałam.

– To całkiem prawdopodobne – przyznała z przejęciem Olga. – To było okropne, z nikim nie mogłam się porozumieć! Chyba naprawdę zacznę się uczyć!

– A może chodzi tylko o uświadomienie sobie, gdzie tak naprawdę mieszkamy? – zasugerował Leon. – Wydaje nam się, że to polskie miasto, choć raptem sto lat temu bylibyśmy tu cudzoziemcami.

– Pytanie, kto ma do niego większe prawa? – odparował Maks. – Polacy? Niemcy? A może Czesi albo Francuzi?

– Zapomniałeś o Austriakach! – usłużnie podsunął Adam.

– Sama nie wiem… – odezwała się po chwili Ada. – Od kiedy zaczęła się ta cała historia z podróżami w czasie, coraz częściej myślę o naszej babci. Przyjechała do Wrocławia zaraz po wojnie, kiedy była małą dziewczynką. Opowiadała, jak Polacy wchodzili do kompletnie umeblowanych mieszkań, korzystali z pozostawionych sprzętów, spali w łóżkach poprzednich mieszkańców. Zresztą przecież ten dom też jest poniemiecki. Do dzisiaj używamy ogromnego garnka, który babcia wyciągnęła z gruzów.

– To po prostu niesamowite! – Aż ciarki przeszły mi po plecach.

– Może właśnie po to są przeniesienia? Żeby lepiej zrozumieć?

– I nie zapomnieć o poprzednich mieszkańcach Wrocławia. Mogłabyś napisać o twoim przeniesieniu? – Leon zwrócił się do Olgi.

– Wiedziałam, że na tym się nie skończy! – jęknęła. – Co gorsza, Natalia mi nie pomoże. Ale zrobię to. Choć naprawdę mi się nie chce!

Siedzieliśmy do późna wokół dogasającego ogniska. Byłam całkowicie przekonana o tym, że podróże w czasie są możliwe, nawet jeśli przeczą prawom fizyki. Jednak najbardziej ekscytujące było to, że nie wiedzieliśmy, kto zostanie przeniesiony w następnej kolejności.

Przez cały kolejny tydzień pochłaniały nas wybory do samorządu szkolnego. Niemal na każdej lekcji przychodzili kandydaci z innych klas, żeby przedstawić swoje programy wyborcze. Zawsze wykorzystywaliśmy okazję i podpytywaliśmy nauczycieli o ich preferencje. Dzięki temu traciliśmy mnóstwo czasu. Żadna lekcja nie została przeprowadzona w normalnym trybie, udało nam się uniknąć kilku kartkówek i przełożyć dwa sprawdziany. Pod koniec tygodnia rywalizacja stała się jeszcze bardziej zacięta. Kandydaci rozdawali na przerwach cukierki, którymi chcieli nas zachęcić do oddania głosu. Nigdy nie odmawialiśmy i z chęcią sięgaliśmy po słodycze, jednak całą energię wkładaliśmy w kampanię naszego kolegi z klasy. Przygotowywaliśmy plakaty i wymyślaliśmy chwytliwe hasła, za pomocą których chcieliśmy przekonać do niego pozostałych uczniów. W końcu nadszedł dzień wyborów, w którym w ogóle nie mieliśmy lekcji. Musieliśmy tylko oddać głos na wybranego kandydata i byliśmy już wolni. Dzięki temu wyszliśmy ze szkoły jeszcze przed południem.

– Moglibyśmy zawsze tak wcześnie kończyć! – Adam się przeciągnął, prostując kręgosłup. – Macie jakieś plany?

– Właściwie to nie. – Spojrzeliśmy na niego wyczekująco.

– Może chcecie, żebym wam coś przeczytał?

– Jeszcze pytasz? Oczywiście, że chcemy!

– Idziemy do przedsionka!

Jednak zanim Adam przeczytał swój fragment pamiętnika, Olga rozłożyła na posadzce plan Breslau.

– Tutaj stały mury obronne. – Wskazała na precyzyjne oznaczenia zrobione przez Hugona. – A armia Napoleona była tutaj.

– Jedno mogę przyznać – odezwał się z szacunkiem Maks. – Hugo miał niesamowitą wiedzę na temat historii Breslau.

– To jeszcze nie wszystko! Posłuchajcie, co mu się przydarzyło! – Adam wyciągnął z kieszeni wygniecione kartki.

– Co to za makulatura? – oburzyła się Ada. – Wygląda ohydnie!

– Najważniejsze, że ja to ogarniam – uciszył ją brat. – A ty słuchaj!

*25 września 1945 roku, Breslau*
*Mama jak zawsze miała rację.*
*Nie powinienem był wychodzić na ulicę.*
*Niepotrzebnie kusiłem los.*
*Nie potrafiłem się powstrzymać.*
*Codziennie myślałem o przedsionku, marzyłem o podróżach w czasie.*
*To miejsce przyciągało mnie jak magnes.*

*Myślałem też o mamie i Hannah. Nie mogłem znieść tego, że wciąż są głodne. Wiedziałem, że w Breslau jest mnóstwo jedzenia. Musiałem się tam tylko dostać.*

*Codziennie wymykałem się do przedsionka, ale nic się nie działo. A dzisiaj mogłem stracić życie.*

*Zachowywałem ostrożność. Wyszedłem z bramy, kiedy upewniłem się, że ulica jest zupełnie pusta. Przeszedłem na drugą stronę. Już miałem wejść do szkoły, kiedy usłyszałem głosy. Dochodziły z przedsionka. Słyszałem wyraźnie, jak jacyś ludzie rozmawiali po polsku. Chyba się nawet kłócili.*

*Musiałem uciekać. Chciałem schować się w bramie. Niestety, ledwo odszedłem kilka kroków, Polacy pojawili się na chodniku.*

*Bałem się.*

*Byłem pewien, że mnie zaatakują.*

*Szli za mną.*

*Pomyślałem, że lepiej nie pokazywać im, gdzie mieszkam. Postanowiłem wejść do kamienicy drugim wejściem, od podwórka. Musiałem tylko przedrzeć się przez gruzy zbombardowanego budynku. Uciekałem, byle dalej, byle szybciej. Nagle zauważyłem szczelinę, szparę pomiędzy zwalonymi ścianami. Postanowiłem, że tam się schowam. Spokojnie* przeczekam, aż Polacy sobie pójdą. Skuliłem się i na chwilę przestałem oddychać.

Nasłuchiwałem.

Przeszli obok, jakby w ogóle nie zauważyli mojego zniknięcia.

To znaczy, że wcale mnie nie śledzili. Może nawet nie chcieli zrobić mi krzywdy? Po prostu szli w tym samym kierunku.

Już miałem iść dalej, kiedy poczułem powiew zimnego powietrza. Pachniało wilgocią i starymi ziemniakami. Gdzieś niedaleko musiało być wejście do piwnicy. Pomyślałem, że warto to sprawdzić. Może znalazłbym tam coś do jedzenia?

Byłem głupi.

Wsunąłem się głębiej i znalazłem otwór ukryty pod kilkoma deskami. Odsunąłem je, a wtedy ziemia się obsunęła i spadłem w dół.

Prosto do piwnicy, na stos ubrań.

Zresztą było tam mnóstwo różnych rzeczy. Buty we wszystkich możliwych rozmiarach. Naczynia stołowe, garnki po brzegi wypełnione sztućcami. Kilka rowerów, radioodbiorników, maszyn do pisania i adapterów.

Ktoś musiał zgromadzić te wszystkie przedmioty. Domyśliłem się, że to jakiś handlarz z pobliskiego targowiska zrobił sobie w piwnicy magazyn. Lepiej, *żeby mnie tu nie zastał. Podciągnąłem się na rękach i bez trudu wydostałem się na powierzchnię. W tej samej chwili ktoś uderzył mnie z całej siły w głowę. Straciłem przytomność.*

*Nie wiem, ile czasu minęło, ale kiedy się ocknąłem, leżałem przemarznięty w jakimś ciemnym i zimnym pomieszczeniu. Po chwili domyśliłem się, że znajduję się w tej samej piwnicy, a stos ubrań po raz drugi uratował mi życie. Dałem się podejść.*

*Jak mogłem stracić czujność!*

*Ostrożnie, powoli wydostałem się na powierzchnię. Resztką sił dowlokłem się do domu.*

*Mama nie mogła uwierzyć, że żyję.*

*Płakała.*

*Przytuliłem ją mocno, a ona sięgnęła po pasek. Należała mi się kara, złamałem dane słowo. Ale zamiast mnie uderzyć, znów zaczęła szlochać.*

*Zawiodłem ją.*

*Straciła na wojnie dwóch braci i męża. Powinienem zawsze o tym pamiętać.*

Nieoczekiwanie Adam przestał czytać i spojrzał na nas z triumfalnym błyskiem w oku.

– Czytaj! Czytaj dalej!

– Nie przerywaj!

– Ale to już koniec. Teraz kolej na Adę.

– Jak to? Wpis się urywa?

– Też mnie to zaskoczyło. – Adam wzruszył ramionami. – Ale nie będę za siostrę pracować.

– O rany! Nie wpadłeś na to, żeby mi o tym powiedzieć? – Ada przewróciła oczami.

– No, *sorry*! Jakoś nie przyszło mi to do głowy!

– Trudno – westchnęłam. – Będziemy musieli poczekać.

– Jeszcze dzisiaj zabiorę się do pracy – obiecała Ada, ale i tak byliśmy niepocieszeni.

– A może i dobrze się stało? – odezwała się po chwili Olga. – To było naprawdę przerażające!

– Okropne czasy!

– Trudno sobie nawet wyobrazić życie w takim zagrożeniu. – Wzdrygnęłam się.

– A ja po raz pierwszy uwierzyłem w to, o czym pisał Hugo – wyznał Maks. – Jestem pewien, że tak właśnie mogło wyglądać życie po wojnie.

– Nie chcę już dłużej o tym słuchać. – Olga wyprostowała się gwałtownie.

– Uważasz, że lepiej o tym nie wiedzieć?

– Nie wiedzieć i nie pamiętać. Nie lubię myśleć o tak smutnych sprawach.

– Do mnie to wciąż nie dociera. Że to naprawdę działo się właśnie tutaj – powiedziała cicho Ada.

– A ja jestem zadowolony, że poznaję historię z zupełnie nowej perspektywy – wyznał Adam. – Nie tylko suche fakty z podręcznika, tylko żywi ludzie.

– No nie! Chłopak przeżył horror w piwnicy zbombardowanego budynku, a ten się cieszy, że to się wydarzyło naprawdę! – oburzyła się Olga.

– Wiesz przecież, że nie o to mi chodzi – bronił się Adam. – Ta wojna i tak się wydarzyła, z całym okrucieństwem. Nic tego nie zmieni, czy będę o niej czytał, czy nie.

– Ja bym po prostu wolała, żeby takie rzeczy w ogóle się nie działy – stwierdziła Olga.

– Jak na razie mamy naprawdę niewielki wpływ na historię. – Leon poprawił okulary. – Ale im więcej wiemy, tym mniej błędów będziemy popełniać w przyszłości.

– Przynajmniej w teorii! – Maks się roześmiał. – Chodźmy już stąd! – I jak na komendę wszyscy się podnieśli.

– Poczekajcie, wezmę do domu kilka podręczników. – Próbowałam ich powstrzymać.

Nie chciałam się rozstawać, jak dla mnie moglibyśmy jeszcze długo rozmawiać na temat Hugona. Niestety, wszyscy zaczęli się spieszyć i wyjątkowa atmosfera gdzieś prysła. Ada zaczęła poganiać Adama, Maks i Leon myśleli już tylko o obiedzie, nawet Olga chciała jak najszybciej wrócić do domu.

– Idź sama – odmówiłam jej. – Ja pójdę przez park.

– O, to pójdziemy razem! – ucieszył się nieoczekiwanie Leon i nagle przestało mu zależeć na obiedzie. Szliśmy wolnym krokiem aż do rogu ulicy. Leon niewiele się odzywał, tylko od czasu do czasu zerkał w moim kierunku. Miałam wrażenie, że chciałby odprowadzić mnie pod sam dom, ale jakoś nie potrafił tego zaproponować. W końcu podjęłam za niego decyzję.

– Idź już na ten obiad, bo ci żołądek do kręgosłupa przyrośnie! – powiedziałam szorstko, a on spojrzał na mnie jakoś tak... żałośnie i w końcu poszedł w swoją stronę.

Przez dłuższą chwilę patrzyłam, jak oddala się ode mnie, a on też kilka razy się odwracał i patrzył w moim kierunku. Wreszcie zniknął za zakrętem, a ja skręciłam w parkową alejkę.

Potrzebowałam ciszy i spokoju, żeby sobie wszystko poukładać.

Wiem, że wojna była okrutna. Widziałam trochę filmów, czytałam książki o tematyce wojennej. Byłam na wycieczce w Auschwitz i w Muzeum Powstania Warszawskiego. Wiem, że Niemcy wyrządzili wiele zła, a ich ofiary miały nieporównywalnie gorsze przeżycia od Hugona. A jednak jego los dotknął mnie bardzo osobiście. Próbowałam wyobrazić sobie, jak czuł się Hugo w mieście, które z dnia na dzień stało się dla niego kompletnie obce. Bez rodziny, kolegów, z nieustannym poczuciem zagrożenia. Nic dziwnego, że ciągle próbował uciec do przeszłości. Potrzebował bezpiecznego miejsca, w którym mógłby się schronić. W jego sytuacji robiłabym dokładnie to samo. Próbowałabym unikać koszmarnej rzeczywistości.

Nawet nie zauważyłam, kiedy znalazłam się na mojej ulicy. Dopiero wtedy udało mi się oderwać od przygnębiających myśli. Próbowałam domyślić się, o co tak naprawdę chodzi Leonowi. Od jakiegoś czasu ciągle mi się przyglądał. To było… dziwaczne. Jasne, lubiłam go, zawsze miał coś ciekawego do powiedzenia. Często zaskakiwało mnie, że myślimy w podobny sposób, ale czy to znaczyło, że łączy nas coś więcej?

Czyżby on chciał się ze mną spotykać?

Całkiem na poważnie?

To niemożliwe – uspokajałam się. Jest zbyt nieśmiały na to, by zrobić kolejny krok. Na pewno wszystko pozostanie bez zmian.

Pod koniec października popsuła się pogoda. Coraz częściej padał deszcz i wiało, tak że wracałam do domu całkiem przemarznięta. Czułam się zmęczona i brakowało mi energii. Potrzebowałam odpoczynku i kilku dni wolnych od szkoły.

W tym roku dzień Wszystkich Świętych przypadał w czwartek, udało mi się ubłagać mamę, żeby zwolniła mnie również z piątkowych lekcji. Wielu nauczycieli już wcześniej zapowiedziało, że nie będzie ich w szkole. Nie miałam ochoty nudzić się na zastępstwach, planowałam o wiele ciekawsze zajęcia.

Gdy tylko rodzice wyszli do pracy, wyciągnęłam przedwojenne podręczniki i umościłam się wygodnie w łóżku. Niespiesznie przewracałam pożółkłe strony, podziwiałam ryciny, grafiki i wykresy. Studiowałam album roślin i zwierząt występujących na Śląsku, ale najbardziej interesowała mnie historia tego regionu.

Potrzebowałam więcej informacji.

Wtedy przypomniałam sobie o atlasie historycznym, który stał na półce w pokoju moich rodziców. Mogłam w nim prześledzić zmiany granic na Śląsku na przestrzeni wieków. Przesuwano je wielokrotnie, za każdym razem wpływając na życie zwykłych mieszkańców. Ten powtarzający się podział decydował o wszystkim – o języku, tożsamości i narodowości.

Nie byłam też w stanie rozstrzygnąć, kto miał do Wrocławia największe prawa. Tak często zmieniał władców! Równie dobrze mógł pozostać czeskim Vratislavem, jak i niemieckim Breslau. Dopiero po zakończeniu drugiej wojny na konferencji w Poczdamie ustalono, że znajdzie się w granicach Polski. Zadecydowało o tym kilka osób, a i tak spory o ostateczny przebieg granicy trwały do samego końca.

Szkoda, że nie znałam nikogo, z kim mogłabym na ten temat porozmawiać!

Wróć!

Hugo mógłby mi pomóc.

O ile udałoby mi się go odnaleźć.

Jak to zrobić?

Nagle mnie olśniło i rzuciłam się do komputera.

Ile on mógł mieć lat? Wtedy, zaraz po wojnie?

Jeśli był nastolatkiem, teraz miałby jakieś… osiemdziesiąt lat?

Oby tylko…

Wpisałam do wyszukiwarki „Hugo Harnisch", a po namyśle dodałam „Breslau". Wyświetliło się sporo wyników. Wielu mężczyzn nosiło takie imię i nazwisko, niektórzy nawet dodali swoje zdjęcia. Niestety, żaden z nich nie wyglądał na staruszka.

Zmieniłam wyszukiwanie.

„Hugo Harnisch – Wrocław". Tym razem wyświetlił się tylko jeden wynik. Siegmunt Harnisch został pochowany na Cmentarzu Żydowskim w 1848 roku.

Coś było nie tak. Z napięciem wpatrywałam się w ekran.

W tym samym momencie zadzwonił telefon. To był Leon.

– Gdzie jesteś?

– W domu. Szukam Hugona Harnischa – odpowiedziałam zgodnie z prawdą.

– Kogo?

– No Hugona! Właściciela pamiętnika.

– A tak. Czemu nie przyszłaś do szkoły? Byłem pewien, no wiesz… że zostałaś przeniesiona.

– Jeszcze nie! – roześmiałam się. – Na razie wpadłam na pomysł, żeby odnaleźć Hugona.

– O ile wciąż żyje.

Aż mnie zatkało.

Faceci! Bez żadnego problemu powiedział na głos to, o czym ja nie chciałam nawet pomyśleć.

– Później do ciebie zadzwonię, zaraz będzie dzwonek na lekcję! – krzyknął do słuchawki, aż mnie ucho rozbolało, i się rozłączył.

Chciałam wrócić do poszukiwań, ale coś, a raczej ktoś nie pozwalał mi się skupić.

Leon.

Naprawdę martwił się o mnie.

Bał się, że się przeniosłam w czasie.

Na chwilę oderwałam wzrok od ekranu i spojrzałam za okno.

Nie mogłam dojść do ładu z własnymi uczuciami.

Od kilku dni, kiedy o nim myślałam, czułam lekkie ukłucie w sercu.

Nie byłam pewna, czy zaczynam czuć do niego coś więcej, czy też przypuszczenie, że mu się podobam, miało na mnie taki wpływ.

Westchnęłam ciężko i wróciłam do przeglądania stron. Wtedy dotarła do mnie jeszcze jedna ważna myśl. Czemu zakładam, że Hugo korzysta z komputera, skoro moja babcia tego nie robi? Trzeba rozszerzyć poszukiwania o wszystkie osoby noszące nazwisko Harnisch!

Żałowałam tylko, że będę musiała czekać aż do poniedziałku, żeby ustalić ze wszystkimi plan działania.

Niestety, w poniedziałek zelektryzowała mnie zupełnie inna wiadomość. Zupełnie zapomniałam o sprawdzianie z historii. Za to historyczka należała do tego typu nauczycieli, którzy zawsze o wszystkim pamiętają. Nie miałam wyjścia i na każdej przerwie wertowałam podręcznik, próbując przyswoić jak najwięcej informacji.

Wszystko na nic.

Kiedy rozpoczęła się lekcja, miałam kompletną pustkę w głowie.

– Czuję, że będę musiała umówić się na poprawkę. – Westchnęłam ciężko i otworzyłam zeszyt, żeby wyrwać pustą kartkę.

– Co robisz? – syknęła Ada. – Nie przypominaj!

Rzeczywiście. Coś było nie tak.

Nauczycielka już dawno skończyła sprawdzać listę obecności, ale zamiast energicznie zapisywać na tablicy zagadnienia do sprawdzianu, stała nieruchomo, zapatrzona w widok za oknem.

– W przyszłym tygodniu przypada szczególna rocznica – odezwała się i spojrzała na nas, tak że wszyscy umilkli. – Dziewiątego listopada 1938 roku na terenie Rzeszy Niemieckiej doszło do pogromów ludności żydowskiej, które nazwano nocą kryształową. Nazwa wzięła się od potłuczonego szkła z rozbitych szyb i witryn, które grubą warstwą pokryło ulice. Niszczono synagogi i sklepy żydowskie we wszystkich miastach i miasteczkach. Również tutaj, we Wrocławiu, i na całym Śląsku.

Na pamiątkę tamtych wydarzeń od kilku lat organizowany jest Marsz Wzajemnego Szacunku.

Uczestnicy marszu spotykają się przy synagodze Pod Białym Bocianem i idą ulicami aż pod pomnik przy ulicy Łąkowej. Kiedyś stała tam synagoga Na Wygonie, jedna z piękniejszych w Europie. Zresztą sami zobaczcie.

Historyczka włączyła rzutnik, a na tablicy pojawiły się archiwalne zdjęcia. Wpatrywałam się w nie z napięciem. Temat był mi tak bliski jak nigdy dotąd!

– Synagoga została zbezczeszczona i podpalona przez nazistów – ciągnęła nauczycielka. – Wielka szkoda, że nie przetrwała do naszych czasów…

Maks podniósł rękę i nie czekając na pozwolenie, zapytał:

– Czy może nam pani powiedzieć coś więcej o tamtych wydarzeniach? Niewiele wiemy o współczesnej historii Wrocławia.

Po klasie przebiegły zduszone śmiechy. Wszyscy byli pewni, że Maks próbuje zyskać na czasie. Ale to nie było ważne, bo historyczka też chciała powiedzieć coś więcej na ten temat.

– W 1933 roku, kiedy Adolf Hitler doszedł do władzy, zaczęły się nasilone prześladowania ludności żydowskiej – zaczęła. – Akty przemocy się nasilały, a ich zwieńczeniem była właśnie „noc kryształowa". Bojówki NSDAP[14] niszczyły sklepy i domy towarowe, plądrowały mieszkania i warsztaty pracy. Zbezczeszczono wiele nagrobków na cmentarzach żydowskich, a synagogi palono albo wysadzano w powietrze. Zginęło dziewięćdziesiąt jeden osób, wiele innych zamknięto w więzieniu. Zamożni Żydzi zostali pozbawieni majątków, co zmusiło ich do emigracji. Jednak mimo tej agresji nikt nie był w stanie sobie wyobrazić, że faszyści posuną się do eksterminacji całych narodów. Podczas drugiej wojny światowej Żydzi, Polacy i Cyganie, i wszyscy ci, którzy nie pasowali do wizji świata narzuconej przez Hitlera, byli masowo uśmiercani. – Nauczycielka uchyliła okno, jakby nagle zabrakło jej powietrza. – Trudno nam uwierzyć, że działo się to również tutaj, w naszym mieście – podjęła wątek – ale nie wolno nam nigdy o tym zapomnieć.

– Chciałbym pójść na ten marsz – odezwał się Leon.

– I ja!

– Ja też! – rozlegało się ze wszystkich stron.

– Proszę, żeby chętne osoby wpisały się na listę. – Podała nam kartkę. – Co roku chodzę na ten marsz z uczniami, to nasza tradycja.

---

[14] NSDAP – niemiecka partia polityczna sprawująca władzę w latach 1933–1945 pod przywództwem Adolfa Hitlera.

Wystarczyło, że Ada spojrzała na mnie pytającym wzrokiem, żebym uśmiechnęła się porozumiewawczo. Jak zawsze w takich sytuacjach mogła u mnie przenocować, żeby nie wracać na wieś nocnym autobusem.

Ostatecznie nie było sprawdzianu, historyczka po raz pierwszy zapomniała o swoich planach. Od „nocy kryształowej" płynnie przeszła do nowego tematu i aż do dzwonka opowiadała o upadku Konstantynopola. A ja i tak myślałam tylko o Breslau. Oczywiście słyszałam wcześniej o „nocy kryształowej", doskonale wiedziałam o tym, ilu Żydów zginęło podczas drugiej wojny. Jednak ciągle zapominałam o tym, że historia Niemiec działa się również tutaj. Tego zupełnie nie mogłam zrozumieć. W opowieściach Leona i Olgi, a także na archiwalnych zdjęciach Breslau jawił się jako bogate, pełne przepychu miasto. Trudno było je połączyć ze spalonymi synagogami, zniszczonymi sklepami i z grubą warstwą szkła na ulicach.

Popołudnie spędzane z Adą wyglądało zupełnie inaczej niż wtedy, kiedy jestem sama. Już w drodze powrotnej zaciągnęła mnie do sklepu po kisiel i zupę w proszku, i jak tylko dotarłyśmy do domu, zabrałyśmy się do gotowania. Ugotowanie kisielu nie sprawiło nam większych trudności, za to zupę przypaliłyśmy dwa razy, a potem omal nie wykipiała. Ale i tak wyszła smaczna, tylko trochę czuć było ją spalenizną. Szkoda tylko, że pobrudziłyśmy przy tym mnóstwo naczyń!

Ada zajęła się zmywaniem, a ja obrałam warzywa na surówkę, a potem rozbiłam mięso na kotlety.

Rozmawiałyśmy o Hugonie i Breslau, a potem nie wiem nawet kiedy zeszło nam na chłopaków. To było... dziwne. Nigdy wcześniej nie rozmawiałyśmy o nich w taki sposób. A kiedy Ada zaczęła szczegółowo omawiać zachowanie Leona, poczułam się nieswojo.

– Natalia, naprawdę nie zauważyłaś, jak on cię traktuje? – Spojrzała na mnie z niedowierzaniem.

– Zupełnie normalnie. – Wzruszyłam ramionami. – Wymyślasz niestworzone historie.

– Jasne! – powiedziała z przekąsem. – Nie odrywa od ciebie wzroku! Szkoda, że nie widziałaś go w piątek! Był naprawdę przerażony!

– Naprawdę? – wzruszyłam się. – Faktycznie, nawet do mnie dzwonił.

– Czyli nie wierzysz w to, że się w tobie podkochuje?

– Czy ja wiem... – Łamałam się, ale nie powiedziałam nic więcej.

Przede wszystkim nie byłam pewna tego, czy chcę rozmawiać na ten temat właśnie z Adą. Najpierw chciałam poradzić się Olgi, ona zawsze była mi bliższa. Teraz czułam się tak, jakbym właśnie zaczęła ją zdradzać.

Roześmiałam się, żeby rozładować napięcie.

– Dobrze wiesz, że Leon żyje w zero-jedynkowym świecie! Nie wierzę, że zauważa coś więcej ponad układy scalone!

– Myśl sobie, co chcesz. – Ada poczuła się urażona. – Ja wiem swoje. Zobaczysz, prędzej czy później będzie chciał się z tobą umówić!

– Wtedy zacznę się martwić. – Spojrzałam jej prosto w oczy. – Na razie to tylko domysły, nie mamy nic pewnego.

– Czy ty zawsze musisz być taka konkretna? Aż do bólu? Nie stać cię na romantyczne porywy?

– Nie wiem. – Bezradnie pokręciłam głową. – Nie miałam czasu na to, żeby się porządnie nad tym zastanowić.

– Na tym właśnie polega twój problem! Uczuć nie można dogłębnie przemyśleć. Trzeba je po prostu czuć i przeżywać! To prostsze, niż ci się wydaje!

Na dziedzińcu przed synagogą zgromadziło się już sporo osób. Ada robiła zdjęcia, a ja ukradkiem przyglądałam się Leonowi. Kiedy nasze oczy się spotkały, uśmiechnął się do mnie nieśmiało, a ja od razu się zaczerwieniłam. Wszystko przez Adę! Niepotrzebnie drążyła temat, przez nią czułam się nieswojo.

– Ej, no, widzieliście gdzieś Adama? – Ada zerknęła na zegarek.

– Maks wysłał mi SMS-a, że już idą – powiedział Leon.

– Jak zawsze! Wpadnie tu na ostatnią chwilę! – Westchnęła ciężko.

– Nie rób z tego takiego problemu – bagatelizowała Olga. – Pewnie zaraz się pojawi.

– Za bardzo się nim przejmujesz! – wtórowałam jej.

– A wy nie macie pojęcia o tym, że gdyby nie ja, codziennie spóźniałby się do szkoły – odparowała, coraz bardziej zdenerwowana.

– Pewnie już gdzieś tu są – tonował sytuację Leon.

– Oby!

W tej samej chwili historyczka zawołała wszystkich do siebie. Byłam zaskoczona, nie sądziłam, że przyjdzie tyle osób z naszej szkoły. Do tej pory wydawało mi się, że tylko nasza szóstka interesuje się przeszłością Wrocławia. No może czwórka, bo Maksa i Adama nadal nie było. Za to na dziedzińcu pojawił się rabin, a wraz z nim przedstawiciele władz miasta. Marsz zaczął się od przemówień, na których za nic nie mogłam się skupić, Ada mnie rozpraszała. Nieustannie zerkała na telefon albo rozglądała się nerwowo na wszystkie strony.

— Nie przejmuj się tak — szepnęłam w końcu, bo zrobiło mi się jej żal.

W tej samej chwili marsz się rozpoczął. Wyszliśmy na ulicę Włodkowica i znów dotarło do mnie coś, z czego wcześniej nie zdawałam sobie sprawy. Faszyści próbowali unicestwić Żydów, chcieli, żeby zniknęli z powierzchni ziemi, jakby ich nigdy nie było. A przecież wrócili, udało im się przetrwać! Gmina Żydowska we Wrocławiu odrodziła się, mimo że miasto zmieniło przynależność państwową. Właśnie takiej wiedzy brakowało mi najbardziej. W historii mojego miasta brakowało ciągłości przekazywanej z pokolenia na pokolenie. Ciągle miałam wrażenie, że spoglądam na skomplikowaną, historyczną układankę.

W milczeniu przeszliśmy przez most nad fosą miejską i znaleźliśmy się na ulicy Podwale. Szliśmy wzdłuż długiego budynku z czerwonej cegły, który od zawsze kojarzy mi się z zamkiem warownym — nie brakowało w nim nawet wieżyczek ani baszt obronnych. Jak wiele innych budynków, ten również został wybudowany przed wojną. Ciekawe tylko, czy wtedy też mieścił się w nim sąd?

Być może z powodu podniosłej atmosfery, a może dlatego, że wędrowaliśmy po zmroku, miałam wrażenie, że odczuwam atmosferę przedwojennego Wrocławia jak nigdy dotąd. Jedynie samochody zaparkowane wzdłuż chodnika nie pozwalały zapomnieć o współczesności.

Kilka chwil później dotarliśmy na ulicę Łąkową. Szkoda, że to tak blisko, mogłabym jeszcze długo wędrować ulicami! Ktoś złożył kwiaty pod pomnikiem, inni zapalali znicze. Jednak najbardziej zaskoczył mnie gest rabina, który położył na płycie niewielki kamień.

– To żydowski zwyczaj – usłyszałam szept historyczki. – Pewnie teraz odmówimy kadisz, modlitwę za zmarłych.

Dłuższą chwilę staliśmy w milczeniu. Uczestnicy marszu rozchodzili się niespiesznie, w końcu pod pomnikiem została tylko nasza grupa. Do tego momentu Ada miała nadzieję, że Adam i Maks zawieruszyli się gdzieś w tłumie. Teraz jednak była już pewna. Nie dotarli pod synagogę.

– Czuję, że stało się coś złego! – panikowała.

– Zaraz do nich zadzwonimy! – pocieszał ją Leon.

– Najgorsze jest to, że nie wiemy nawet, gdzie ich szukać! – palnęła Olga bez namysłu.

Ada tylko jęknęła.

Jakby tego było mało, historyczce zaczęło się nagle strasznie spieszyć. Poganiała nas i pospieszała maruderów. W błyskawicznym tempie przemknęliśmy przez plac Solny (nie zdążyłam nawet porządnie się rozejrzeć, żeby przypomnieć sobie, gdzie dokładnie przeniósł się Hugo) i już byliśmy na Rynku.

Główny plac miasta jak zawsze tętnił życiem i gwarem rozmów. Tutaj nikt nie pamiętał o przeszłości, wszyscy byli całkowicie pochłonięci własnymi sprawami. Chcieliśmy nieco zwolnić, odetchnąć, na powrót przyzwyczaić do codzienności, ale nauczycielka była głucha na nasze błagania. Pędziła w stronę placu Dominikańskiego, jakby miał nam uciec ostatni tramwaj. I gdyby Adam z Maksem nie potrącili przypadkiem Leona, moglibyśmy ich wcale nie zauważyć.

– Gdzie byliście? – krzyknęła zdecydowanie za głośno Ada i od razu zasypała brata pretensjami. – Dlaczego nie odbierałeś telefonu?

– Musimy iść. – Pociągnęłam Maksa za rękaw. – Historyczka prosiła, żebyśmy nie zostawali w tyle.

– Dlaczego nie przyszliście na marsz?

– Pewnie za późno wyszliście – dodała Ada zgryźliwie.

– Wcale się nie spóźniliśmy – odpowiedział Adam z naciskiem. – Dotarliśmy dokładnie na czas.

– Jasne! Tylko gdzie?

– Nie rozumiecie? My naprawdę tam byliśmy.

Znów się zatrzymaliśmy, próbując przyswoić zaskakującą informację. Historyczka odwróciła się i machała nerwowo w naszą stronę. Pogoniłam towarzystwo do przodu.

– Zostaliście przeniesieni? Do „nocy kryształowej"? – zapytałam z niedowierzaniem.

– Przerażające doświadczenie! – potwierdził Adam. Maks zdobył się tylko na kiwnięcie głową.

Pewnie w innych okolicznościach zdobyłabym się na jakąś złośliwość wobec niego. Ciągle był sceptyczny i z dystansem podchodził do pamiętnika Hugona. Widać było jednak na pierwszy rzut oka, że podróż w czasie była dla niego ogromnym wstrząsem. Nie chciałam się dokładać z moim wymądrzaniem.

Tymczasem Olga kipiała entuzjazmem, jakby nie widziała, w jakim są stanie.

– Musicie nam wszystko opowiedzieć!

– Nie dziś – zdołał wydusić z siebie Maks.

I tak nie mieliśmy warunków do rozmowy. Musieliśmy dołączyć do reszty, a historyczka pilnowała, żebyśmy trzymali tempo.

– Gdzie jej się tak spieszy? Zachowuje się, jakby zostawiła garnek na gazie – mruknął w końcu Leon.

Wreszcie wszyscy się roześmiali, a Maks i Adam przestali być tacy spięci.

A kiedy dotarliśmy pod szkołę i właśnie mieliśmy się rozejść, zaczęli gwałtownie nalegać, żebyśmy się jak najszybciej spotkali.

– Macie jakieś plany na jutro?
– Możemy się spotkać? Tam gdzie zawsze?
– Koniecznie! – przytaknęłam.
– Jeszcze wam mało? – Historyczka nagle wyrosła za naszymi plecami. – Wracajcie do domów, robi się późno!

Zazwyczaj kiedy Ada u mnie spała, oglądałyśmy jakiś film. Tym razem natychmiast położyłyśmy się do łóżek. Nie mogłyśmy się doczekać poranka.

– Zawsze jest tak samo – powiedziała podczas śniadania. – Wkurzam się na Adama i obwiniam go o bezmyślność. Potem okazuje się, że naprawdę nie mógł dotrzeć na czas. A jak jeszcze zacznę sobie wyobrażać, co on wczoraj przeżył! – Wzdrygnęła się.

– Nie bądź dla siebie aż taka surowa. – Przytuliłam ją. – To normalne, że się o niego martwisz. Pewnie zachowywałabym się dokładnie tak samo.

– Czasem wydaje mi się, że jestem od niego o pięć lat starsza, ciągle czuję się za niego odpowiedzialna. A tymczasem dzieli nas tylko pięć minut różnicy i to on pierwszy pojawił się na świecie!

– Pewnie byłoby inaczej, gdybyście nadal mieszkali we Wrocławiu… – Za późno, o wiele za późno ugryzłam się w język. Temat rozwodu rodziców był dla Ady bardzo bolesny i zawsze go ucinała.

– Pewnie masz rację – przyznała po chwili milczenia. – Uniknęlibyśmy wielu problemów i nie musielibyśmy się specjalnie umawiać z tatą, tylko dlatego że chcemy z nim spędzić trochę czasu. A jeszcze mama próbuje z nim walczyć!

– Porąbane to wszystko.

– Tak. Kompletnie nie ma sensu – zgodziła się. – Jak na nich patrzę, wszystkiego mi się odechciewa!

– Wszystkiego poza podróżami do Breslau – podsunęłam usłużnie.

– I tu masz absolutną rację. Myślę, że taka podróż pozwala się totalnie odciąć od wszystkiego i zapomnieć o problemach.

– Mam nadzieję, że przeniesiesz się pierwsza – powiedziałam z przekonaniem, a Ada przytuliła mnie bardzo mocno.

Wyszłyśmy z domu o wiele za wcześnie. Gnałyśmy do przedsionka, jakby nas ktoś gonił, ale kiedy byłyśmy już w pobliżu gimnazjum, opuściła nas cała odwaga. Czym innym było wyobrażanie sobie podróży w czasie, a czym innym zmierzenie się z nieobliczalnym kufrem.

– Może najpierw pójdziemy do sklepu? – zaproponowała Ada. – Mam ochotę na coś słodkiego.

Z namysłem wybierałyśmy czekoladę i inne słodkie przekąski, a potem dwukrotnie przetrząsnęłyśmy wszystkie kieszenie w poszukiwaniu drobniaków. W końcu musiałyśmy wyjść na ulicę, a wtedy zaczął padać rzęsisty deszcz i zrobiło się bardzo zimno i nieprzyjemnie.

– W naszym przedsionku na pewno byśmy tak nie marzły! – Dygotałam z zimna.

– Bo marzniemy tutaj zupełnie bez sensu! – Ada odważnie włożyła klucz do zamka. – Zwykły rachunek prawdopodobieństwa! Nie zdarzyło się jeszcze, żeby kufer uruchomił się dzień po dniu!

Na szczęście miała rację. Kufer był szczelnie zamknięty. Szkoda jedynie, że w przedsionku było niewiele cieplej niż na dworze.

– Dobrze byłoby napić się czegoś gorącego!

– Zadzwonię do Olgi! Poproszę, żeby przyniosła herbatę w termosie.

Zanim usiadłyśmy na schodach, rozłożyłyśmy na nich książki, żeby izolowały nas od zimnej posadzki. Na nich położyłyśmy koce. Kiedy wszystko było już gotowe, chłopcy stanęli w drzwiach, a chwilę później w przedsionku pojawiła się Olga.

– Musiałam się dwa razy wracać! – wysapała i zaczęła odwijać długi szalik z szyi. – Ależ mi gorąco, po co wam herbata?!

– Przekonasz się po co, jak posiedzisz tu przez chwilę. – Ada sięgnęła po termos, a ja od razu nadstawiłam kubek.

Czekaliśmy w milczeniu, ale Adam i Maks nie spieszyli się z opowieścią.

– No, chłopaki! Zaczynajcie! Umieramy z ciekawości! – pogoniła ich Olga.

Maks uśmiechnął się niepewnie, a Adam spojrzał zaskoczony, jakby wreszcie sobie o nas przypomniał.

## Opowieść Maksa i Adama

– Chcieliśmy pójść na marsz zaraz po treningu…

– Ale Maks zaproponował, żeby zostawić rzeczy w przedsionku. – Adam wpadł mu w słowo.

– Nawet się trochę posprzeczaliśmy z tego powodu. – Maks uśmiechnął się pod nosem.

– Wiedziałem, że Ada będzie wściekła, jak się spóźnimy.

Ada pocieszająco poklepała brata po ręce.

– Od razu, jak tylko weszliśmy do przedsionka, wiedziałem, że coś jest nie tak.

– Nawet ja to poczułem. – Maks zrezygnowany pokiwał głową.

– Spojrzeliśmy na kufer. Był szeroko otwarty, a na jego dnie coś błyszczało.

– Chcieliśmy tylko sprawdzić, co to takiego. Włożyliśmy ręce do środka…

– W tej samej chwili przedsionek zaczął wirować jak na karuzeli. Wszystko stało się tak nagle, że nawet nie zdążyłem pomyśleć – ciągnął Adam.

– Zostaliśmy przeniesieni w okropne miejsce, które kiedyś było chyba księgarnią. Gdzie tylko spojrzałem, widziałem zniszczone książki. Wszystkie meble były poprzewracane, na podłodze leżały połamane półki. Wszędzie było pełno szkła z potłuczonych szyb.

– Nagle usłyszeliśmy tupot ciężkich wojskowych butów i całe pomieszczenie wypełniło się gryzącym dymem.

– Wrzucali do środka kamienie i płonące szczapy.

– Zrobiło się nieciekawie, mogliśmy tam zginąć – uświadomił sobie Adam. – Na szczęście udało nam się znaleźć wyjście z tej pułapki i znaleźliśmy się na ulicy.

– Trudno opisać to, co zobaczyliśmy. Wszystkie sklepy były zdemolowane, na chodniku leżały roztrzaskane meble, drzwi powyrywane z zawiasów. Z każdego pomieszczenia wydobywał się dym, witryny sklepowe płonęły. Najgorsza jednak była ta gruba warstwa szkła, która chrzęściła pod naszymi stopami przy każdym kroku.

– Nie mogliśmy w to uwierzyć. Jakby przeszedł tamtędy jakiś kataklizm, wszystko było zniszczone.

– Nagle znów usłyszeliśmy odgłos ciężkich wojskowych butów. Nadchodził kolejny oddział wandali – powiedział ironicznie Maks. – W ostatniej chwili ukryliśmy się w jednej z bram. Nie mieliśmy ochoty ryzykować spotkania z nimi, widzieliśmy na własne oczy, do czego są zdolni.

– Postanowiliśmy wejść schodami na ostatnie piętro. Chcieliśmy sprawdzić, jak duże są te zniszczenia, ile budynków udało im się zdewastować. Wtedy zauważyliśmy pożar. Paliło się coś naprawdę dużego.

– Musieliśmy zobaczyć, co tam się dzieje.

– Zeszliśmy na dół i ruszyliśmy w kierunku miejsca, z którego unosił się gęsty dym. Szybko dotarliśmy do placu, na którym zgromadziło się mnóstwo ludzi. Przyglądali się, jak płonie ogromny budynek.

Najpierw myślałem, że to jakiś kościół, ale Maks powiedział, że to synagoga.

– Synagoga Na Wygonie! – szepnęła Ada.

– Wszędzie stali policjanci, pilnowali porządku. A po chwili nadjechała straż pożarna. Byliśmy pewni, że zaraz zabiorą się do gaszenia pożaru, ale oni nie zrobili nic – z niedowierzaniem powiedział Maks. – Po prostu stali i się przyglądali. Nie mieli zamiaru niczego gasić.

– Ludzie byli zupełnie bezsilni. Patrzyli tylko i bezgłośnie płakali. To było wstrząsające.

– Jakiś człowiek nie wytrzymał. Zaczął głośno lamentować, a policjanci jakby tylko na to czekali. Błyskawicznie wyciągnęli go z tłumu. Pobili go, a potem wepchnęli do samochodu i odjechali na sygnale. Jakby był groźnym przestępcą!

– Dopiero kiedy ogień przeskoczył na budynki stojące w pobliżu, strażacy zabrali się do pracy. Zaczęli polewać ściany i dachy, omijając płonącą synagogę.

– Za to policjanci z każdą chwilą byli coraz bardziej agresywni. Zaczęli szturchać ludzi tylko za to, że ocierali załzawione policzki. Robiło się coraz bardziej niebezpiecznie. Wykorzystaliśmy moment do odwrotu, kiedy jedna ze ścian synagogi zawaliła się z głuchym łoskotem. Zrobiło się zamieszanie, przez tłum przebiegł jęk przerażenia, a my czym prędzej wbiegliśmy do bramy pobliskiej kamienicy.

– To, co zrobili Niemcy, było naprawdę podłe! – Adam zacisnął pięści.

– Wtedy uświadomiliśmy sobie, że byliśmy jedynymi ludźmi w Breslau, którzy wiedzieli, jak się to skończy dla Żydów. Tylko my zdawaliśmy sobie sprawę, że grozi im śmiertelne niebezpieczeństwo.

– Na ulicę nie mogliśmy już wrócić, to było zbyt ryzykowne. Przeszliśmy więc na drugą stronę budynku i znaleźliśmy się na podwórku. A tam stało mnóstwo przerażonych ludzi. Przyglądali nam się w napięciu. Bali się.

– Byli totalnie spanikowani. – Maks przetarł twarz. – Tak samo jak my. Chciałem jak najszybciej wrócić do naszych czasów. Poganiałem Adama, a on nagle się zatrzymał.

– Nie mieliśmy wyjścia. – Adam wzruszył ramionami. – Musieliśmy ich ostrzec.

– Zanim zdążyłem pomyśleć, Adam już podszedł do grupki Żydów.

– Nie wiedziałem nawet, co im powiedzieć. Nie mogłem sobie przypomnieć ani jednego słówka. I nagle coś zaskoczyło. Powiedziałem: *Ihr müsst ge-*

hen. *Es wird Krieg sein. Ihr verlasst jetzt Breslau so schnell wie möglich. Reist weg von hier*[15]. Nic więcej nie byłem w stanie wymyślić.

– Nie odezwali się ani słowem, więc Adam powiedział jeszcze raz to samo. Wtedy jeden z nich podziękował krótkim: *Danke*.

– Szliśmy podwórkami, a na każdym spotykaliśmy mieszkańców. Za każdym razem podchodziliśmy do nich i mówiliśmy dokładnie to samo. Patrzyli na nas z niedowierzaniem, więc powtarzaliśmy. Tak długo, aż nam odpowiadali.

– Wędrowaliśmy przez całą noc. Kiedy dotarliśmy do ostatniego podwórka przy tej ulicy, właśnie zaczynało świtać. Przeszliśmy przez bramę na ulicę. Wtedy okazało się, że jesteśmy przy tej samej księgarni, do której zostaliśmy przeniesieni!

– Weszliśmy do środka. Przy każdym ruchu wzbijaliśmy tumany popiołu ze spalonych książek.

– Śmierdziało tam spalenizną. Tak że zakręciło mi się w głowie. A po chwili wszystko znów zaczęło wirować.

– Wróciliśmy do przedsionka.

---

[15] Musicie wyjechać. Będzie wojna. Musicie opuścić Breslau jak najszybciej. Jedźcie jak najdalej stąd.

Zapadła głucha cisza. Maks i Adam siedzieli skuleni, na nowo przeżywali to, co im się przydarzyło.

– A potem wybuchła wojna… – jako pierwszy odezwał się Leon.

– To się po prostu nie mieści w głowie… – Nie mogłam pozbierać myśli.

– Co za koszmar!

– Gdyby nie wy! Udało wam się w porę ostrzec tyle osób! – powiedziała Ada ze wzruszeniem.

– Nie wiemy, czy nam uwierzyli. – Adam pokręcił z przygnębieniem głową. – Nie docierało do nich, że może być jeszcze gorzej.

– Może przynajmniej niektórzy? Zrobiliście tyle, ile mogliście.

– Jak to dobrze, że akurat wy dwaj zostaliście przeniesieni. Gdybym to ja trafiła na „noc kryształową", nie wyszłabym z tej księgarni – przyznała Olga.

– Ja też nie.

– I ja też.

– To było naprawdę przerażające. Zbyt trudne, by przeżyć to samemu.

– Musicie wszystko dokładnie opisać – powiedziałam z naciskiem. – Nie wolno nam zapomnieć.

– Dostałem niezłą nauczkę – wyznał wreszcie Maks. – Należą wam się przeprosiny. Przestało mnie interesować, jak to możliwe z technicznego czy fizycznego punktu widzenia. Kufer potrafi przenosić nas w czasie i kropka. A historia Niemiec czasami bywa przerażająca!

– Tak jak każdego innego kraju – podsumował Adam. – Na początku panikowałem, ale potem do mnie dotarło, jakie mamy szczęście. Nikt na całym świecie nie dostał szansy na poznanie historii przez podróże w czasie. Tylko my.

– I Hugo – dopowiedziałam.

Nagle w przedsionku zrobiło się zimno i nieprzyjemnie. Zerwał się mocny wiatr, a lodowate powietrze wciskało się przez szpary w drzwiach. To był najwyższy czas, żeby się rozstać.

– A jak wasze głowy? Bolą? – spytał Leon.

– Jak cholera – przyznał Adam.

– Muszę się położyć – dopowiedział Maks.

– Kto by pomyślał! Cały przedwojenny Wrocław mieści się w niewielkim kufrze! – Z czułością pogłaskałam mebel, a potem jakby od niechcenia spróbowałam otworzyć wieko.

– Natalia, błagam! Nie dziś! – Spojrzeli na mnie z takim przerażeniem, że musiałam się roześmiać.

– Na szczęście nie mamy na kufer żadnego wpływu!

– I bardzo dobrze. Na razie wystarczy nam jego niespodzianek!

Samo słuchanie o podróżach w czasie dostarczało mi tylu wrażeń, że nie potrafiłam z powrotem zacząć się przejmować nauką i ocenami. Moje myśli wciąż błądziły wokół Breslau. Zresztą nie znałam nikogo, kto wolałby się uczyć, kiedy w perspektywie miał podróż do przeszłości.

A tu, w szkolnej rzeczywistości, wisiała nade mną chemia! Zadania z matmy! Wypracowania z polskiego! Problemy i zagadnienia, których w ogóle nie chciało mi się rozwiązywać. Do wszystkiego musiałam się zmuszać. Do odrabiania zadań i wypełniania zeszytów ćwiczeń. Jednak za każdym razem, kiedy siadałam do nauki, trudno było mi się skoncentrować. Wciąż błądziłam myślami daleko.

Od czasu do czasu spotykaliśmy się u Olgi. W przedsionku było coraz zimniej, zresztą nie chcieliśmy wykorzystywać go do nauki. U Olgi były dobre warunki do powtarzania zagadnień przed sprawdzianem, zwłaszcza do odrabiania zadań z matematyki.

I właśnie podczas jednego z takich spotkań dokonałam elektryzującego odkrycia. Odkrycia, które dało nam nadzieję na to, że uda nam się odnaleźć Hugona Harnischa.

Maks i Leon siedzieli przy biurku i trudzili się rozwiązaniem wyjątkowo paskudnego zadania, a ja bezmyślnie przyglądałam się okładkom książek stojących na półce. Nagle zauważyłam książkę telefoniczną. W jednej chwili połączyłam ze sobą kilka faktów.

– Olga, jesteś genialna! – Bez wahania położyłam opasły tom na stole.

Wszyscy oderwali się od algebry i patrzyli na mnie, jakby niczego nie rozumieli.

– To wiem, ale czemu przekonała cię o tym ta stara książka? Już dawno miałam ją wynieść na makulaturę.

– Oszalałaś? – zdenerwowałam się. – Masz w domu książkę telefoniczną wydaną rok po wojnie i chcesz się jej pozbyć? Jeśli Hugo został we Wrocławiu…

– To znajdziemy na niego namiary tutaj! – załapał wreszcie Leon.

Dopiero wtedy wszyscy pochylili się nad książką.

– Nie mamy pewności, że Hugo miał telefon. – Maks studził nasz zapał, ale ja już szukałam stron z literą H.

– Harnisch Katarzyna, Harnisch Stanisław, Harnisch Teodor – wymruczałam. – Nieprawdopodobne! Aż trzy osoby nosiły takie nazwisko!

– Musimy do nich natychmiast zadzwonić! – Olga pobiegła po słuchawkę telefonu.

Adam wystukał numer.

– Błąd połączenia – powiedział rozczarowany.

– Tu jest za mało cyfr! – zauważyła Ada. – Powinno być siedem, a jest tylko pięć.

– Ciekawe, czy istnieje jeszcze coś takiego jak informacja telefoniczna? – zastanawiał się na głos Leon.

– Istnieje, istnieje, i nawet mam namiary. – Olga błyskawicznie sprawdziła w Internecie.

To był dobry trop.

Uzyskaliśmy prawidłowe numery, a Adam po raz kolejny wziął do ręki słuchawkę.

Niestety.

Pod pierwszym numerem nikt nie odbierał.

Za drugim razem mieliśmy więcej szczęścia, jednak mieszkanie od dawna należało do kogoś innego, kto nigdy nie słyszał o rodzinie Harnischów. Adam bez przekonania wybrał trzeci numer, i bingo! Dodzwonił się do Teodora Harnischa, który bardzo zainteresował się naszymi poszukiwaniami. Co prawda, nie znał nikogo o imieniu Hugo, ale poradził, żebyśmy się skontaktowali z Niemieckim Towarzystwem Kulturalno-Społecznym, które powstało we Wrocławiu tuż po wojnie i nadal skupia Niemców mieszkających w naszym mieście.

Adam wykonał kolejny telefon, po czym streścił nam treść rozmowy.

– Na aktualnej liście członków nie ma nikogo, kto nosiłby nazwisko Harnisch. Mogą sprawdzić w archiwum, czy ktoś taki w ogóle rejestrował się w ich towarzystwie, ale potrzebują trochę czasu. Umówiłem się, że zadzwonię w przyszłym tygodniu.

– Ej no, patrzcie, co znalazłam! – Olga zawołała od komputera. – Sporo osób nazywa się tak jak nasz Hugo!

– Już dawno o tym myślałam. Powinniśmy wysłać mejla do wszystkich, którzy noszą nazwisko Harnisch, z pytaniem, czy w ich rodzinie jest jakiś Hugo, który tuż po wojnie mieszkał we Wrocławiu – powiedziałam z przekonaniem i w jednym momencie odnalezienie Hugona stało się banalnie proste.

– Świetny pomysł, Natalia!

– Zróbmy to od razu! – Wszyscy się zapalili, a Leon spojrzał na mnie... z czułością. Zaraz potem zaczerwienił się i pochylił nad plecakiem.

– Tak może być? – Olga napisała po polsku krótki tekst:

*Dzień dobry,*

*jesteśmy uczniami Gimnazjum numer 13 we Wrocławiu, które mieści się przy ulicy Reja 3. Szukamy kontaktu z Hugonem Harnischem, niemieckim chłopcem, który po II wojnie światowej mieszkał we Wrocławiu. Znaleźliśmy jego pamiętnik z tamtych czasów i chcielibyśmy go zwrócić. Czy Hugo Harnisch jest członkiem Pani/Pana rodziny? Jeśli tak, w jaki sposób możemy się z nim skontaktować?*

*Olga, Ada, Natalia, Maks, Adam i Leon*

Wspólnie przetłumaczyliśmy list na niemiecki i rozesłaliśmy pod wszystkie adresy, jakie udało nam się znaleźć.

– Teraz musimy tylko czekać na odpowiedź. – Olga w napięciu wpatrywała się w monitor.

– To może potrwać. Lepiej wróćmy do matematyki. – Maks jako jedyny zachował przytomność umysłu.

– A może jednak wolicie, żebym coś wam przeczytała? – spytała od niechcenia Ada i wyciągnęła z plecaka plik równo ułożonych kartek.

– Ten porządek mnie przeraża! – Adam zasłonił twarz rękoma.

– Dlaczego nie powiedziałaś wcześniej?

– Myślałam, że wolicie robić zadania z matematyki. – Ada uśmiechnęła się przebiegle. – A ty, braciszku, nie narzekaj, tylko bierz ze mnie przykład!

– Wolimy Breslau!

– Matematyka może poczekać!


**Wrocław, 26 września 1945**

*Wczoraj mogłem zginąć. Nikt by nawet nie wiedział, gdzie szukać mojego ciała. Już nigdy nie złamię danego słowa.*

*Głupia, bezsensowna śmierć.*

*Więc kiedy mama i Hannah wyszły z domu na plac, posłusznie wróciłem do pokoju. Miałem szczere chęci, żeby przejrzeć podręcznik, który znalazłem w szkole. Jednak ledwo go otworzyłem, ze środka wypadł niewielki prostokątny kartonik. To był bilet. Bilet kolejowy na trasę Breslau–Ohlau*[16]*. Pomyślałem, że jakiś uczeń używał go jako zakładki. Odłożyłem bilet na bok, ale już nie mogłem skupić się na czytaniu. Ciągle brałem go do ręki, obracałem w dłoniach.*

*Został wydany 22 maja 1842 roku na przedział trzeciej klasy.*

*Zwykły bilet, nic takiego.*

---

[16] Wrocław–Oława.

*Tyle że nie mogłem przestać o nim myśleć.*
*Ten bilet wyglądał jak zaproszenie.*
*Ale ja nie mogłem wyjść do przedsionka.*
*Obiecałem mamie. A przede wszystkim sobie.*
*Wtedy przypomniałem sobie, że nigdy nie byłem w Ohlau. Jakoś nie było nam po drodze.*

*Ogarnęła mnie ogromna chęć podróży. Walczyłem z potężną siłą, która popychała mnie do wyjścia. Wyobrażałem już sobie, jak stoję w przedsionku, z biletem w ręce. Chodziłem po mieszkaniu, ale ciągle zatrzymywałem się przy oknie. To było tak niedaleko... Wystarczy przejść kilka kroków.*

*W końcu uległem. Wsunąłem bilet do kieszeni i wyszedłem. Zbiegłem pospiesznie po schodach, przebiegłem przez ulicę. Ledwo chwyciłem za klamkę, już poczułem nagły wstrząs.*

*Poczułem, jak ktoś łapie mnie za ramię. Polacy! – przebiegła mi myśl przez głowę. Byłem pewien, że to pułapka. Nagle usłyszałem:*

*– Uważaj, chłopcze! – ktoś odezwał się po niemiecku.*

*– Przepraszam – odpowiedziałem, wciąż zaciskając powieki.*

*– Blokujesz przejście, lepiej usiądź – odezwał się ten sam głos.*

*Otworzyłem oczy.*

*Poczułem ostre szarpnięcie, a zaraz potem usłyszałem przenikliwy gwizd lokomotywy. Ktoś popchnął mnie w kierunku wolnego miejsca, i wreszcie usiadłem.*

*Szybko się zorientowałem, że siedzę w pociągu, który właśnie wyjeżdżał ze stacji w Breslau. Na peronie stało mnóstwo osób. Machali chusteczkami, jakby ta chwila była naprawdę wielkim wydarzeniem. Nie miałem pojęcia, o co im chodzi.*

*Po chwili pojawił się konduktor, a ja sięgnąłem po bilet.*

*– Dziękuję. – Oddał mi przedziurkowany kartonik razem z parą okularów. – Należy je nosić do końca podróży – przykazał i zajął się kolejnymi pasażerami.*

*– Lepiej nie ryzykować – odezwał się mój sąsiad i posłusznie założył na nos okulary. – Chwila nieuwagi i nieszczęście gotowe! Wystarczy, żeby jedna iskra z komina wpadła do oka, a my jesteśmy na to najbardziej narażeni.*

*Pospiesznie poszedłem w jego ślady, zresztą pęd powietrza już wyciskał mi łzy z oczu. Jak to w ogóle możliwe?*

*No tak. Wagon pozbawiony był ścian i dachu. Siedzieliśmy na prostej platformie, do której doczepiono drewniane ławki.*

– Historyczna chwila! – Mój sąsiad był bardzo rozmowny. – Będzie o czym opowiadać dzieciom i wnukom!

– Podróż pociągiem to nic takiego. – Wzruszyłem ramionami.

– Patrzcie go! – obruszył się. – Was, młodych, trudno zaskoczyć! Nie dalej jak wczoraj otwarto pierwsze połączenie kolejowe w Rzeszy Niemieckiej, a dla ciebie to nic takiego? Wczoraj tylko specjalnie zaproszeni goście mogli wsiąść do pociągu, a od dzisiaj już każdy, kto się tylko odważy, może wygodnie podróżować!

– Wygodnie? – Opatuliłem się szczelnie kurtką. – Dobrze, że deszcz nie pada.

– Trzeba było droższy bilet kupić! Miałeś, chłopcze, trzy klasy do wyboru!

Rzeczywiście, wagony pierwszej i drugiej klasy wyglądały tak, jak powinny, ale w gruncie rzeczy byłem zadowolony, że podróżuję na platformie. Nigdy czegoś takiego nie widziałem.

Wreszcie wyjechaliśmy z miasta. Od czasu do czasu mijaliśmy chłopów pracujących na polach. Na widok pociągu nieruchomieli, osłaniali oczy rękoma, żeby się lepiej przyjrzeć. Najbardziej przerażone były konie. Wpadały w prawdziwą panikę, zwłaszcza kiedy rozlegał się gwizd lokomotywy.

– Z czasem się przyzwyczają – powiedział z przekonaniem sąsiad. – Nie mają innego wyjścia. Na razie pociąg jeździ tylko raz dziennie, ale zapewne niedługo będzie ich jeszcze więcej.

Konduktor po raz kolejny przeszedł obok.

– Kiedy dotrzemy do Ohlau? – ktoś zapytał.

– Podróż powinna zająć dokładnie czterdzieści trzy minuty. Ściśle według rozkładu jazdy – odpowiedział, po czym zawołał. – Zbliżamy się do stacji Kattern![17].

Pewnym krokiem poruszał się po chybotliwej platformie. Czuł się całkiem swobodnie, w przeciwieństwie do niektórych pasażerów, którzy wciąż kurczowo przytrzymywali się ławek.

Niebawem zatrzymaliśmy się na stacji. Tak jak w Breslau, peron wypełniony był ludźmi, jednak niewielu z nich zdecydowało się na podróż. Większość przyszła tylko zobaczyć pociąg. Na naszej platformie pojawiło się kilku nowych pasażerów. Sami mężczyźni i jedna przekupka, która od wejścia narobiła sporo zamieszania. Najpierw pojawił się ogromny, wiklinowy kosz, a dopiero za nim jego właścicielka. Kobieta rozejrzała się bystrymi oczkami, mocniej zaciągnęła węzeł chustki pod brodą, przeżegnała się

---

[17] Święta Katarzyna.

*i zajęła wolne miejsce. Później wsunęła kosz głębiej pod ławkę i znieruchomiała.*

*Ledwie ruszyliśmy, a już pojawił się konduktor. Rozdał okulary nowym pasażerom, którzy posłusznie założyli je na nosy. Wszyscy oprócz przekupki. Ani myślała go posłuchać. Naciągnęła chustkę mocniej na czoło, zaplotła dłonie na obfitym brzuchu i zapadła w drzemkę.*

*– Widziałeś ją, jaka odważna! – Sąsiad szeptał mi prosto do ucha. – Jeszcze wczoraj nie miałaby tu wstępu, tylko mężczyźni byli zaproszeni. Nie zdziwiłbym się, gdyby była jedyną pasażerką tego pociągu!*

*Kolejny przystanek wypadł w Leisewitz[18], a kolejny, jak zapowiedział nam konduktor, był w Ohlau. Zbliżaliśmy się do celu podróży. Jednak najpierw musieliśmy przejechać na drugi brzeg Oder[19].*

*Kiedy wjechaliśmy na most, mnóstwo osób zasłoniło oczy dłońmi. Nieliczni śmiałkowie obserwowali, jak pociąg przetacza się po żelaznej konstrukcji. Koła dudniły na podkładach, przęsła mostu powoli się przesuwały przed moimi oczami, a pod nami rzeka mieniła się w słońcu. Zdawało się, że wystar-*

---

[18] Lizawice.
[19] Odra.

*czy jeden nieostrożny ruch, by znaleźć się wśród fal. Ale nic złego się nie stało, po chwili byliśmy już na drugim brzegu i lokomotywa zaczęła zwalniać. Zbliżaliśmy się do dworca w Ohlau.*

*Wszyscy zaczęli się spieszyć. Jakby chcieli jak najszybciej postawić nogi na twardej ziemi. Mój pasażer też zniknął, nawet nie zdążyłem się z nim pożegnać. Szybko straciłem go z oczu w tłumie ludzi stojących na peronie. Po chwili na platformie zostaliśmy tylko ja i przekupka. Wciąż siedziała na swoim miejscu. Nagle rozejrzała się, poprawiła węzeł chustki i sięgnęła po koszyk. Musiał być bardzo ciężki, bo aż jęknęła.*

*– Pomogę! – Od razu chwyciłem za pałąk.*

*– Dziękuję ci, kawalerze! Nikt na ciebie nie czeka? – Bystro rozejrzała się wokół, kiedy już pomogłem jej wydostać się na peron.*

*– Nikt nawet nie wie, że tu jestem – wyznałem szczerze.*

*– Doskonale się składa! – Klasnęła w pulchne dłonie. – Będziesz mógł zanieść mój koszyk na targ! – powiedziała i nie czekając na moją odpowiedź, ruszyła w kierunku wyjścia do miasta. Starałem się dotrzymać jej kroku, mimo że koszyk boleśnie obijał się o moje łydki. Na szczęście zawsze podczas*

*podróży w czasie przestaję być kaleką, poza tym plac targowy znajdował się naprzeciwko dworca.*

*Przekupka zatrzymała się w upatrzonym miejscu i przywołała mnie do siebie nerwowym gestem.*
*– Tutaj, kawalerze!*

*Zdjęła materiał, którym przykryty był kosz, a ja z ciekawości zajrzałem do środka. Ile tam było jedzenia!*

*– Masz za fatygę. – Włożyła kilka jajek do płóciennego woreczka, a po zastanowieniu dorzuciła jeszcze gomółkę sera, zawiniętą w czystą ściereczkę. – Jedz na zdrowie!*

*Podziękowałem serdecznie i już miałem odejść, kiedy wcisnęła mi do ręki butelkę z mlekiem. Poczułem takie ssanie w żołądku, że aż zakręciło mi się w głowie. Musiałem przestać myśleć o jedzeniu. Byłem gotów zjeść wszystko od razu. Nawet surowe jajka.*

*Miałem zamiar wrócić na dworzec, ale ledwo pchnąłem drzwi prowadzące do budynku, wszystko wokół zaczęło się nagle rozmywać i tracić kolory. Dźwięk gwizdka zawiadowcy stacji wciąż dźwięczał w moich uszach; nawet wtedy, gdy znalazłem się z powrotem w przedsionku. Najbardziej ucieszyłem się z tego, że po drodze nie stłukło się ani jedno jajko. Będziemy mieli prawdziwą ucztę!*

*Teraz siedzę w pokoju i zapisuję, co mi się przydarzyło. A na pamiątkę wklejam bilet, żebym zawsze pamiętał o tej niezwykłej podróży.*

Ada przeczytała ostatnie zdanie.

– Łał! Niesamowita historia! – pokręcił głową Adam.

– Masz ten bilet? – zainteresował się Maks.

– Niestety, zginął gdzieś po drodze – odpowiedziała Ada. – Zostało tylko puste miejsce.

– Szkoda…

– Hugo za każdym razem przynosi coś do jedzenia. Jakby kufer WIEDZIAŁ, że jest mu to bardzo potrzebne.

– Skoro już o tym mowa… Zostały wam może jakieś kanapki? – Leon z bolesną miną poklepał się po brzuchu. – Jestem potwornie głodny!

– A ty zawsze tylko o jednym! – roześmialiśmy się, ale nie mieliśmy już nic do jedzenia.

Niestety, Leon przypomniał nam tylko o tym, że robi się późno i że lepiej byłoby już rozejść się do domów.

– Z powodu Breslau sama będę się męczyć nad matmą! – narzekałam.

– Nie przesadzaj, Natalia, te zadania nie są takie trudne – bagatelizował Maks.

– Możesz do mnie zadzwonić, gdybyś miała jakiś problem – zaproponował z miejsca Leon.

– Dzięki! Na pewno skorzystam. Jakoś nie umiem się do nich przekonać.

– Bo źle się do nich nastawiasz – wtrąciła się Olga.

– Ale przynajmniej próbuję – odcięłam się. – Nie tak jak niektórzy, co nawet sobie nie zadają trudu, żeby przeczytać lekturę!

– Dobra, już dobra! – wycofała się. – Masz absolutną rację! Więcej nie będę ci dokuczać.

– A ja myślę, że sobie z nimi poradzisz. – Leon popatrzył na mnie ciepło. – Musisz w to tylko uwierzyć.

– Jakby co, zadzwonię do ciebie. A teraz naprawdę muszę już iść do domu.

Faktycznie, wystarczyło trochę bardziej się skupić, żebym bez trudu rozwiązała wszystkie zadania. Zadzwoniłam do Leona tylko po to, żeby porównać wyniki. Były identyczne.

– Wiedziałem, że to nie będzie takie trudne! – triumfował Leon.

– Dzięki. Jakoś nie miałam dzisiaj głowy do matematyki – odpowiedziałam.

W tej samej chwili do pokoju weszła moja mama. W butach i płaszczu, co jej się nigdy nie zdarza. Była bardzo podekscytowana.

– Muszę kończyć – rzuciłam tylko do słuchawki i spojrzałam na nią pytająco.

– Natalia, wytłumacz mi to, proszę, bo ja czegoś tu nie rozumiem – zaczęła mówić z wielkim przejęciem, zdejmując w tym samym czasie buty. – Byłaś załamana, jak się dowiedziałaś, że nadal będziesz się uczyć niemieckiego. Nagle, nie wiadomo czemu zajęłaś się tłumaczeniami i nie można cię było oderwać od biurka. A teraz się okazało, że jesteś najlepsza w klasie! Zresztą nie tylko ty, wszystkie osoby, które kończyły twoją podstawówkę, świetnie sobie radzą. Germanistka się zastanawia, czy początkowo nie robiliście jej na złość.

– Ależ skąd! – zaprzeczyłam gwałtownie. – To jakoś samo przyszło. Sama mówiłaś, że dobrze jest znać język sąsiadów.

– Jako matka powinnam być zachwycona tym wyznaniem. Nie potrafię jednak uwierzyć, że wzięłaś sobie do serca moją radę. Coś mi tu nie gra. – Spojrzała podejrzliwie.

– Oj, mamo. Zamiast się cieszyć, od razu wietrzysz jakiś spisek.

– No dobrze, już dobrze. Powiedz tylko, czy myślisz o niemieckim naprawdę poważnie? Mogłabyś nawet pójść na studia…

– O rany! – Podniosłam ręce w rozpaczliwym geście. – To, że nauka niemieckiego nie sprawia mi problemów, nie oznacza, że chcę studiować filologię germańską!

– Dobrze już, dobrze! Przecież ja nic nie mówiłam. – Wstała lekko obrażona. – Tak tylko głośno myślę. Zaraz będzie kolacja, zjesz z nami?

– Mhm – mruknęłam tylko w odpowiedzi.

Gdy tylko wyszła, od razu rzuciłam się na łóżko. Zawsze to samo. Wystarczy, że zaczynam się czymś interesować, żeby rodzice, zwłaszcza mama, planowali moją przyszłość. W najdrobniejszych szczegółach.

Przecież chodziło o coś zupełnie innego. O jednego konkretnego chłopaka i o przeszłość Wrocławia. Niemiecki był tylko narzędziem, który otwierał przede mną nowe światy. Dosłownie i w przenośni.

Sięgnęłam po telefon. Przyszedł SMS od Leona.

*Śledztwo w sprawie niemieckiego. Matka kontra ja 0:1.*

*Moja też mnie wkurzyła* – odpowiedziałam.

*Jesteśmy w tym samym spisku przeciwko nauczycielce?* – domyślił się.

*Jakbyś zgadł* – odpisałam.

*Nie przejmuj się takimi drobiazgami. Nie lubię, jak się smucisz.*

*Jasne, tylko jak to zrobić?* – napisałam na odczepnego.

*Ja w takich chwilach myślę o Tobie.*

Wpatrywałam się w wyświetlacz i czytałam raz za razem odpowiedź Leona. Czułam, że serce bije mi coraz szybciej i szybciej. Przyłożyłam dłonie do rozpalonych policzków, a potem otworzyłam szeroko okno i oddychałam głęboko mroźnym już powietrzem.

Ada miała rację.

A ja to czułam.

Naprawdę podobałam się Leonowi i nie miałam pojęcia, co z tym robić.

Sięgnęłam po żelka, a potem poszłam do kuchni.

Uczucia uczuciami, ale niewiele dziś jadłam. Burczało mi nawet w brzuchu. Zupełnie jak Leonowi.

Niemal każdego poranka Olga miała dla nas nowe informacje, w końcu zaczęła dostawać odpowiedzi na naszego mejla. Niestety, wciąż nie udało nam się trafić na krewnych Hugona, choć wiele osób próbowało nam pomóc. Jedna z pań napisała, że bardzo dobrze zna Hugona Harnischa, bo tak nazywa się jej maleńki synek. Inna miała kuzyna o tym imieniu i nazwisku, niestety był o wiele młodszy od tego, którego szukaliśmy. Za to wszyscy życzyli nam wytrwałości i powodzenia w poszukiwaniach. W Towarzystwie Niemieckim też nie udało nam się niczego dowiedzieć, w archiwum nie było żadnego śladu po rodzinie Harnischów. Możliwości były dwie – albo wyjechali do Niemiec, albo mama Hugona wyszła ponownie za mąż i zmieniła nazwisko. Mogli się całkowicie zasymilować z Polakami i nie utrzymywać żadnych kontaktów z mniejszością niemiecką. Podobno takie sytuacje często się zdarzały, Niemcy przyjmowali polskie obywatelstwo i spolszczali nazwiska, żeby uniknąć nieprzyjemności. Im dłużej nie mogliśmy go znaleźć, tym częściej pojawiała się w mojej głowie nieznośna myśl.

Może Hugo po prostu zaginął podczas podróży w czasie? I nigdy nie wrócił do domu? Tylko ja i Ada nie zostałyśmy jeszcze przeniesione. Co będzie, jeśli któraś z nas nie wróci? Próbowałam odsuwać od siebie przerażającą wizję, ale czasami ogarniał mnie paniczny strach i nie byłam w stanie nad nim zapanować. Nie wiedziałam też, z kim mogłabym o tym porozmawiać. Ada była zbyt podekscytowana myślą o ewentualnym przeniesieniu i w ogóle nie brała pod uwagę tego, że coś mogłoby pójść nie tak. Olga nigdy nie potrafiła martwić się na zapas, poza tym jej się udało wrócić do teraźniejszości, więc zakładała, że nikt nie będzie miał z tym problemów. Dla Adama i Maksa przeniesienie było tak traumatyczne, że nie lubili do tego wracać. A Leon… Każda rozmowa z nim kosztowała mnie tyle emocji! Tworzyła się między nami przedziwna zażyłość, która wprawiała mnie w zakłopotanie.

Pod koniec listopada całe miasto było już przygotowane do świąt Bożego Narodzenia. Rozpoczął się jarmark świąteczny – wokół Rynku postawiono kramy z biżuterią, ozdobami świątecznymi, smakołykami i zabawkami. Na latarniach i słupach rozwieszono girlandy i gwiazdy, które rozjaśniały ciemności ciepłym blaskiem. We wszystkich sklepach pojawiły się choinki, a o konieczności wydania pieniędzy na prezenty przypominała każda wystawa sklepowa. W szkole również zapanował nastrój radosnego oczekiwania, zwłaszcza gdy nasza wychowawczyni zaproponowała, żebyśmy sobie zorganizowali mikołajki. Napisaliśmy na karteczkach swoje imiona i nazwiska, a potem losowaliśmy osobę, dla której kupimy prezent.

– Pamiętajcie tylko o dochowaniu tajemnicy! – powtarzała do znudzenia nauczycielka. – Inaczej nie będzie niespodzianki.

Aha.

Łatwo powiedzieć.

Byliśmy zbyt ciekawi.

Tego samego dnia wszyscy już wiedzieli, od kogo dostaną prezent. Kiedy wychowawczyni dowiedziała się o tym, była bardzo niezadowolona. Zarządziła kolejne losowanie, a potem jeszcze jedno, bo znów się wygadaliśmy. W końcu postanowiła zmienić zasady.

– Skoro nie potraficie dochować tajemnicy, losowanie zrobimy dopiero w mikołajki. Będziecie musieli kupić taki prezent, żeby nadawał się dla każdej osoby.

– Dlaczego?! – W klasie rozległ się jęk zawodu.

– Bo zachowujecie się jak małe dzieci, a ja nie mam siły z wami walczyć! – zakończyła dyskusję, i od razu przeszła do tematu lekcji.

Szkoda. Wszyscy byliśmy zadowoleni z ostatniego losowania. Mnie przypadła Agata, od razu powiedziała, co chciałaby dostać. Teraz będę musiała kupić coś kompletnie nijakiego, co nikomu nie sprawi przyjemności. A było tak dobrze!

Chwilę później Olga postukała mnie w plecy i podała liścik, w którym ktoś zaproponował dobre rozwiązanie:

*Kupujemy prezenty dla osób, które ostatnim razem wylosowaliśmy. Jak ktoś ma inny pomysł, niech napisze pod spodem.*

Z zadowoleniem pokiwałam głową i podałam karteczkę dalej. Pomysł był świetny, nie chciało mi się po raz kolejny zastanawiać nad prezentem. Oby tylko tym razem nikt się nie wygadał przed wychowawczynią!

Jeszcze tego samego popołudnia poszłam z Adą i Olgą do centrum handlowego. Agata poprosiła mnie o kupienie konkretnej książki; Ada wylosowała Kacpra, który chciał dostać płytę. Jedynie Olga miała problem – musiała wybrać coś dla Łukasza, którego od tygodnia nie było w szkole.

– Najlepiej kup mu jakąś książkę! – namawiałyśmy.

– No, nie wiem, czy to taki dobry pomysł… Nie byłabym z takiego prezentu zadowolona. Wolę się najpierw rozejrzeć.

Zostawiłyśmy ją przy regale z kalendarzami i poszłyśmy do działu z literaturą. Nagle stanęłyśmy jak wryte.

– Książki o Wrocławiu! – ucieszyła się Ada i sięgnęła po pierwszy z brzegu album z fotografiami.

– To jest po prostu fantastyczne! – Z zachwytem wertowałam jedną z książek, która zawierała plany miasta niemal od początku jego istnienia.

Mogłabym ją oglądać godzinami, obserwować, jak Wrocław się rozrastał, wchłaniając po kolei mniejsze miasteczka i wioski.

Niestety, Olga szybko przywróciła mnie do rzeczywistości.

– A ja was szukam w całej księgarni! – powiedziała z przekąsem.

– Zobacz, zdjęcie Feniksa! Chociaż wtedy nazywał się inaczej. Dom handlowy braci Barasch – przeczytała z namaszczeniem Ada.

– Faktycznie, wyglądał dokładnie tak samo. – Olga rzuciła okiem na fotografię. – Wybrałyście już?

– Nie, bo znalazłyśmy te książki. Popatrzcie, plac targowy, o którym pisał Hugo! Ten sam, na którym jego mama próbowała sprzedać domowe sprzęty!

– Dziewczyny, nie zamierzam spędzić całego dnia w księgarni. – Olga bezceremonialnie wyciągnęła nam z dłoni albumy i odłożyła na miejsce. – Nie mam na to czasu.

– A ty już znalazłaś prezent dla Łukasza?

– Chyba właśnie na coś wpadłam. – Zdjęła z haczyka kalendarz.

Był naprawdę świetny. Na każdej stronie wydrukowano dwie fotografie przestawiające ten sam zakątek Wrocławia. Jedno zdjęcie było zrobione przed wojną, a drugie współcześnie.

– Ja też bym chciała taki! – jęknęłam z zadrością.

– Nie marudź, nie marudź! – Olga pchała mnie przed sobą. – Muszę stąd wyjść, bo za chwilę umrę z nudów!

Szybko zapłaciłyśmy za wybrane prezenty i po chwili znów byłyśmy w centrum handlowym. Alejkami przemykali zdesperowani ludzie, którzy tak jak my przyszli na przedświąteczne zakupy.

– Chodźmy stąd jak najszybciej! – zarządziła Ada i nie czekając, skierowała się do wyjścia.

– Naprawdę? – Oldze zrzedła mina. – Nie chcesz zajrzeć do żadnego sklepu?

– Absolutnie nie! Okropnie tu gorąco.

– Jak sobie chcecie. Pójdę sama – powiedziała zdecydowanie Olga.

Odprowadziłam Adę na przystanek. Wciąż rozmawiałyśmy o książkach na temat Wrocławia.

– Nie miałam pojęcia, że jest ich aż tyle!

– Szkoda, że nie mam już żadnych oszczędności. Najchętniej kupiłabym je wszystkie!

– Zawsze możesz napisać, poprosić Świętego Mikołaja! – roześmiała się Ada.

– Myślisz? – Spojrzałam na nią z powątpiewaniem. – Nie będzie mu przeszkadzać, że już w niego nie wierzę?

– Tego nie wiem. Trzeba wykorzystać każdą szansę!

– No to niech mi przyniesie choć jedną wybraną książkę. Najlepiej tę z mapami… – Złożyłam błagalnie ręce.

– Teraz musisz tylko czekać i wierzyć w to, że cię usłyszał! – roześmiała się Ada i wsiadła do autobusu.

Nadszedł w końcu szósty grudnia, dzień, w którym nie potrafiliśmy się skupić na żadnej lekcji. Niecierpliwie czekaliśmy na godzinę wychowawczą, na nasze nieszczęście była ostatnia. Byliśmy podekscytowani jak przedszkolaki – za każdym razem, kiedy rozlegał się kuszący szelest celofanu, przypominaliśmy sobie o prezentach. Nauczycielom też udzielił się odświętny nastrój. Zapomnieli o kartkówkach, nie zawracali sobie głowy odpytywaniem i nie zadali nam ani jednego zadania domowego. To dopiero było święto! Sytuacja absolutnie wyjątkowa.

Gdy tylko zaczęła się ostatnia lekcja, wszyscy wydobyli z plecaków szeleszczące paczki i utkwili niecierpliwy wzrok w wychowawczyni.

– Widzę, że nie macie zamiaru dłużej czekać – odezwała się, a my przytaknęliśmy ponaglająco. – Wobec tego możemy przystąpić do ostatniego losowania. Maks, chciałbyś jeszcze coś powiedzieć?

– Chcielibyśmy z tego zrezygnować. Nam to zupełnie nie przeszkadza, że nie dochowaliśmy tajemnicy.

– To prawda! – rozległo się ze wszystkich stron.

Nauczycielka wpatrywała się w nas dłuższą chwilę, jakby zupełnie nie wiedziała, co odpowiedzieć.

Szelest folii i celofanu się nasilał.

– Skoro tak zdecydowaliście... – zaczęła kwaśno.

Nie było na co czekać.

Rzuciliśmy się do wręczania prezentów. Czym prędzej odnalazłam Agatę.

– Dzięki! Dzięki! – krzyknęła ucieszona i cmoknęła mnie w policzek.

Wokół mnie panował chaos. Bezradnie rozejrzałam się za Łukaszem, od którego miałam dostać paczkę. Wtedy usłyszałam Leona.

– Tu jesteś, Natalia! – Chwycił mnie za rękę i zaprowadził pod ścianę. Panował tam względny spokój, największy tłum kłębił się na środku sali.

Wyciągnął w moim kierunku pięknie zapakowany prezent.

– To dla ciebie. – Leon się zaczerwienił.

– Od ciebie? Dlaczego?

– Zamieniliśmy się. Zresztą nieważne. Chciałem... Koniecznie chciałem kupić coś dla ciebie – plątał się, coraz bardziej zdenerwowany.

Nieoczekiwanie odwrócił się i zostawił mnie samą.

Nawet nie zdążyłam mu podziękować!

Wszyscy wrócili już na swoje miejsca, tylko ja wciąż tkwiłam pod ścianą. Czułam się kompletnie zagubiona.

– Natalia, możesz łaskawie usiąść? – Wychowawczyni przywróciła mnie do rzeczywistości.

– Jeszcze nie rozpakowałaś? Co dostałaś?

Nieoczekiwanie znalazłam się w centrum uwagi.

– Boli mnie już głowa od tego szelestu. – Nauczycielka spojrzała na mój prezent z niekrywaną niechęcią.

Czym prędzej schowałam paczkę do plecaka.

– A my też mamy coś dla pani! – w samą porę odezwała się Agata i wręczyła nauczycielce czekoladową figurkę Świętego Mikołaja.

– Teraz powinniśmy coś zaśpiewać. Może sto lat? – powiedział Adam i w ten sposób rozładował napięcie.

Roześmialiśmy się, a wychowawczyni połamała figurkę na drobne kawałki.

– Chciałam jeszcze z wami omówić szczegóły wigilii klasowej, ale na razie częstujcie się, proszę!

Aż do dzwonka dzieliliśmy się zadaniami i ustalaliśmy, kto będzie za co odpowiedzialny. Wszyscy zapomnieli już o moim nierozpakowanym prezencie, tylko ja siedziałam jak na szpilkach. Gdy tylko lekcja się skończyła, pierwsza wybiegłam z klasy. Nie czekałam na nikogo, chciałam zostać sama. Biegłam przez całą drogę do domu, a potem zamknęłam się w pokoju.

Nie zawracałam sobie głowy szukaniem nożyczek. Ściągnęłam wstążkę i rozerwałam kilka warstw papieru.

Jak to możliwe?

Skąd wiedział?

Z niedowierzaniem wpatrywałam się w album. Ten sam, który oglądałam w księgarni.

Sięgnęłam po telefon, żeby do niego zadzwonić, a tam już czekał nieprzeczytany SMS od Leona.

*Przepraszam za całe zamieszanie.*

Wybrałam jego numer. Odebrał po pierwszym sygnale.

– Nie wiem, co powiedzieć. Jestem kompletnie zaskoczona.

– Wiedziałem, że ci się spodoba.

– Tylko że ustaliliśmy jakieś zasady – łamałam się. – Wydałeś na mnie strasznie dużo pieniędzy.

– Nikt nie musi o tym wiedzieć – odpowiedział.

– Niby tak. – Czułam, że nie mówię tego, co powinnam, ale miałam kompletną pustkę w głowie.

– Nie chciałem, żeby tak wyszło. Przepraszam. Będę mógł przyjść kiedyś do ciebie? Chciałbym go obejrzeć.

– Jasne! Mogę ci go nawet pożyczyć! – plotłam.

– Jeśli tak wolisz…

– Tak będzie chyba łatwiej.

Czułam, jak mocno bije mi serce.

– Swoją drogą, jak na to wpadłeś?

– Czy to takie istotne? – Leon się roześmiał.

– W każdym razie dziękuję jeszcze raz – powiedziałam i się rozłączyłam.

Dopiero wtedy dotarło do mnie, że wcale nie chodziło mu o album.

Głupia. Głupia. Głupia.

Leon chciał się ze mną spotkać. Szukał tylko jakiegoś pretekstu.

A ja tego w ogóle nie chciałam zauważyć.

Grudniowe dni ciągnęły się bez końca. Wychodziłam do szkoły, kiedy za oknami wciąż było ciemno, a wracałam do domu po zapadnięciu zmroku. Chmury wisiały nisko, a przez gęstą mgłę rzadko przebijały się promienie słońca.

Ciągle chciało mi się spać. Byłam zmęczona szkołą i codziennymi obowiązkami. Marzyłam o tym, żeby naciągnąć na głowę kołdrę i przeczekać te bure dni, zupełnie pozbawione światła. Nie tylko ja potrzebowałam odpoczynku. Większość osób z klasy czekało na święta Bożego Narodzenia i dni wolne od szkoły. Na tym tle zmęczonych ponuraków wyróżniał się jedynie Maks, pełen werwy i energii. Na kilka dni przed świętami zaplanowano koncert zespołu szkolnego, na którym miał po raz pierwszy wystąpić. Niemal każdego dnia zostawał na próbie, a w czasie przerw opowiadał tylko o tym, nad czym teraz pracują.

Wreszcie nadszedł ostatni tydzień nauki. Jak na ironię, ciągle mieliśmy coś do zrobienia i musieliśmy zostawać dłużej w szkole. W poniedziałek poszliśmy na próbę generalną – Maks chyba miał tremę, bo sam nas o to poprosił. Widać było, że jest zestresowany, kilka razy się pomylił albo zgubił rytm. Na szczęście we wtorek, kiedy odbył się koncert, nerwy mu puściły i zagrał wprost rewelacyjnie. Sama słyszałam, jak zachwycały się nim dziewczyny z innych klas, co mnie trochę śmieszyło, bo zawsze traktowałam go tylko jak kolegę. Nie sądziłam, że może się aż tak podobać dlatego, że potrafi grać na gitarze. Kolejnego dnia wychowawczyni poprosiła, żebyśmy po lekcjach przystroili świątecznie naszą klasę i ubrali choinkę. W czwartek po szkole poszłyśmy z Adą do Olgi i piekłyśmy ciasteczka na piątkową wigilię klasową.

Planowaliśmy, że impreza zakończy się po godzinie, ale jak zwykle wszystko się przeciągnęło. W końcu panie sprzątaczki wygoniły nas ze szkoły. To nie było takie proste, ale się udało. Daliśmy radę dotrwać do świąt!

Budzik zadzwonił o tej samej porze co zwykle, co mnie okropnie zdenerwowało. Miałam zamiar porządnie się wyspać, zanim mama zagoni mnie do wielkiego sprzątania, pieczenia i gotowania. W duchu przeklinałam swoje niedopatrzenie i bezskutecznie próbowałam ponownie zasnąć. Nie potrafiłam się wyciszyć. W ostatnim czasie zbyt wiele się działo, mnóstwo myśli kłębiło się w mojej głowie, a każda odciągała mnie od snu.

Skoro nie mogłam spać, postanowiłam pójść do biblioteki. Odsłoniłam okno, a wtedy oślepiła mnie śnieżna biel. Musiało padać przez całą noc, śnieg pokrył wszystko, a ulica była czysta i biała. Humor poprawił mi się od razu, nabrałam ochoty na to, żeby wyjść z domu i odetchnąć świeżym powietrzem. Zanim zdążyłam się zebrać, zadzwoniła Ada.

– Natalia, błagam, musisz mi pomóc! – zaczęła bez przywitania.

– Co się stało?

– Chodź ze mną do centrum handlowego kupić prezenty. Sama nie dam rady przez to przebrnąć!

– Ja chyba też powinnam – dotarło do mnie. – Zupełnie zapomniałam...

– Świetnie! – ucieszyła się. – Załatwimy to szybko i będziemy miały z głowy! To ja biegnę na autobus, powinnam zdążyć!

No cóż. Prawdę mówiąc, centrum handlowe nigdy nie przypomina spokojnego miejsca. Zwłaszcza przed świętami. Mnóstwo było w nim ludzi, którzy próbowali tak jak my uniknąć świątecznej gorączki. I zupełnie niechcący sami ją stworzyli.

W pierwszej chwili miałam ochotę zrezygnować, ale Ada była nieugięta. W bojowym nastroju ruszyła prosto do księgarni, a ja powlokłam się za nią. Zdawało się, że jest tam więcej kupujących niż książek na półkach. Próbowałyśmy się rozejrzeć, zapoznać z ofertą, ale było to absolutnie niemożliwe. Byłyśmy potrącane, przyduszane, przepychane i przygniatane nieskończenie wiele razy.

– Szkoda, że nie wzięłyśmy Olgi. – Ada otępiałym wzrokiem wpatrywała się w tłum zdesperowanych klientów. – Potrafiłaby nad tym wszystkim zapanować!

– Tak, ona jest do zakupów najlepsza – przytaknęłam i nagle zrobiło mi się głupio. Nawet o niej nie pomyślałam! Jak mogłam zapomnieć?

– Tyle zachodu tylko po to, żeby każdy znalazł paczkę pod choinką! – Ada z niesmakiem pokręciła głową.

– Wybierzmy cokolwiek i chodźmy stąd! – Złapałam pierwszą z brzegu książkę (prezent dla taty) i stanęłam w okropnie długiej kolejce.

W drogerii sytuacja wyglądała dokładnie tak samo. Wrzuciłyśmy do koszyka kilka żeli pod prysznic i zakupy świąteczne miałyśmy z głowy.

Później poszłyśmy jeszcze na lody, a kiedy Ada pojechała do domu, od razu zadzwoniłam do Olgi. Niepotrzebnie się gryzłam, bo i tak nie mogłaby z nami pójść. Pojechała razem z siostrą do babci i od rana była zajęta pieczeniem ciast. Za to umówiłyśmy się, że zaraz po świętach pójdziemy na łyżwy, a ja obiecałam sobie w duchu, że już nigdy, przenigdy nie umówię się z Adą bez wiedzy Olgi.

Przez to całe zamieszanie dopiero kolejnego dnia udało mi się pójść do biblioteki. Otworzyłam przeszklone drzwi i z przyjemnością odetchnęłam powietrzem przesyconym zapachem papieru i farby drukarskiej. Tu zawsze panował spokój, niezależnie od pory roku. Weszłam między regały i niespiesznie przebierałam między tytułami. Książki kusiły mnie okładkami, niestety mogłam wypożyczyć tylko pięć. Musiały mi wystarczyć na wszystkie świąteczne dni. Podałam wybrane pozycje bibliotekarce i niecierpliwie czekałam, aż wrócą w moje ręce.

– Masz jeszcze jedną książkę do oddania. – Bibliotekarka spojrzała na mnie bystro zza szkieł okularów. – W dodatku termin zwrotu dawno minął, będę musiała naliczyć karę.

– Jaką książkę? – Byłam przekonana, że nie zostawiłam żadnej w domu.

– *Romeo i Julia*. Pewnie to była wasza lektura.

– Och nie! – uświadomiłam sobie, gdzie ją zostawiłam.

Miałam ją ze sobą, kiedy Adam i Maks opowiadali o przeniesieniu. Już wtedy chciałam ją oddać, ale relacja chłopaków tak mną wstrząsnęła, że całkiem wyleciało mi to z głowy. Od tamtego czasu ani razu nie spotkaliśmy się w przedsionku i zupełnie o niej zapomniałam.

– To co robimy? – Bibliotekarka patrzyła na mnie wyczekująco, a ja dotknęłam kieszeni. Jak zawsze miałam przy sobie klucz.

– Zaraz ją przyniosę – obiecałam i wyszłam z biblioteki.

Im bliżej byłam przedsionka, tym wolniej stawiałam kroki.

Nie miałam żadnego wpływu na kufer.

Mógł mnie przenieść nawet dzisiaj.

A ja zupełnie nie miałam na to ochoty.

Co robić?

Stanęłam przed drzwiami i wyciągnęłam telefon. Najpierw chciałam zadzwonić do Olgi, ale przecież pojechała do babci! Bliźniaki w ogóle nie wchodziły w grę, mieszkały za daleko.

Leon.

Mieszkał najbliżej.

Wybrałam jego numer. Jak na złość nie odbierał. Akurat teraz, kiedy najbardziej go potrzebowałam.

Nie miałam wyboru. Musiałam sama wejść do środka.

Przekręciłam klucz i szeroko otworzyłam drzwi.

Najpierw przyjrzałam się dokładnie kufrowi. Zdawało się, że wieko jest zamknięte, co mnie trochę uspokoiło, ale ciągle obawiałam się wejść głębiej. Potem zauważyłam książkę. Leżała całkiem niedaleko, na pierwszym stopniu. Tam, gdzie siedziałam ostatnio. Dzieliły mnie od niej dwa kroki...

Dla pewności wyjrzałam jeszcze na ulicę. Liczyłam na to, że całkiem nieoczekiwanie pojawi się ktoś z naszej paczki. Niestety, na chodniku nie było nikogo, jedynie płatki śniegu wirowały w powietrzu.

Wzięłam głęboki oddech.

Idealna pogoda na przeniesienie. Nikt nawet nie zauważyłby mojego zniknięcia, uświadomiłam sobie i zimny deszcz przebiegł mi po plecach. Otrząsnęłam się i sięgnęłam po żelka.

– Muszę to zrobić! – powiedziałam na głos i jednym susem wskoczyłam do środka.

Chwyciłam książkę i popędziłam pod drzwi. Przez chwilę nie mogłam złapać oddechu, a potem zaczęłam się śmiać.

Wtedy zadzwonił Leon, a ja nie byłam w stanie wydusić z siebie słowa.

– Co się stało? – denerwował się coraz bardziej.

– Nic! Nic takiego! – chichotałam. – Byłam trochę przerażona, ale już jest w porządku! Przedsionek mnie wystraszył!

– Przeniosłaś się?

– Nie dziś. To absurd, przecież wszystkim udało się wrócić. Dlaczego akurat ja miałabym zaginąć w przeszłości?

– Nie wiem… – ostrożnie odpowiedział Leon. – Mam nadzieję, że nic takiego się nigdy nie wydarzy. Czekaj. Musiałaś pójść do przedsionka i zadzwoniłaś po mnie? Gdzie jesteś teraz?

– Idę do biblioteki – odpowiedziałam radośnie.

– Długo tam będziesz? Chcesz, żebym do ciebie przyszedł?

– Nie, nie zawracaj sobie głowy! Już w porządku, Leon!

– Szkoda. Chciałbym się z tobą zobaczyć – powiedział cicho. Tak cicho, że ledwie go usłyszałam.

– Umówiłam się już z Olgą na łyżwy zaraz po świętach – odpowiedziałam. – Możesz do nas dołączyć.

– Niech będzie – wymamrotał i się rozłączył.

Jednak kiedy ponownie przechodziłam obok przedsionka, doznałam przykrego olśnienia. Dopóki nie przetłumaczymy pamiętnika do końca, nie będziemy mieć pewności, co naprawdę stało się z Hugonem. To ostatnie przeniesienie mogło go uwięzić w przeszłości na zawsze. Jeszcze raz wybrałam numer Leona i tym razem nieskładnie i chaotycznie zaczęłam tłumaczyć, że jednak mam pewne obawy co do przedsionka. Kiedy powiedziałam o Hugonie, Leon gwałtownie mi przerwał.

– Nie mamy na to żadnego dowodu.

– To dlaczego wciąż nie udało nam się go odnaleźć?

– Akurat ja tłumaczę ostatni wpis. Z tego, co już udało mi się zrozumieć, pamiętnik kończy się z chwilą, kiedy Hugo wyjeżdża do Niemiec.

– Wiedział, że opuszcza Wrocław na zawsze – gorączkowałam się. – Po raz ostatni poszedł do przedsionka i fiu! Przeniósł się do przeszłości i tyle go widzieli.

— Nie chcę myśleć w taki sposób — upierał się Leon.

— Dlaczego?

— Bo zaczynam się o ciebie bać. — Westchnął głęboko. — Naprawdę chciałbym się z tobą dzisiaj zobaczyć.

— Serio? Wiesz, jak zachowuje się moja mama przed świętami? Dostaje jakiegoś amoku i nie przyjmuje żadnych wymówek. Z trudem ją ubłagałam, żeby mnie do biblioteki puściła. Muszę wracać do domu.

— No tak, ja właściwie też jestem uziemiony — przypomniał sobie. — Sprzątanie jest najważniejszą czynnością przedświąteczną. Co roku o tym zapominam!

— Spotkamy się w przyszłym tygodniu i na spokojnie porozmawiamy. Obiecaj mi tylko, że przetłumaczysz swój wpis jak najprędzej.

— Popracuję nad nim. A tak w ogóle to wesołych świąt!

— Wzajemnie, Leon. — Uśmiechnęłam się do słuchawki.

Mogłabym z nim rozmawiać bez końca, gdyby nie to, że okropnie zmarzła mi ręka, a w dodatku słyszałam, że ktoś próbuje się do mnie dodzwonić. Moja mama. Próbowała się ze mną połączyć jakiś miliard razy.

– Natalia, gdzie ty jesteś? Trzeba jeszcze zakupy zrobić, a ja mam huk roboty!

I tak wyglądały moje dni aż do samej Wigilii. Dopiero przy ubieraniu choinki mogłam nieco odetchnąć. To był ostatni obowiązek, ostatnia rzecz, jaką należało zrobić przed kolacją. Jasny sygnał, że cała reszta została już przygotowana.

Nasze święta to nieustający kołowrót odwiedzin u babć, ciotek i kuzynek, które tylko na to czekają, żeby mnie nakarmić. Z niektórymi osobami widzimy się tylko raz w roku, więc prześcigają się w tym, żeby nas jak najlepiej ugościć. Jednak kiedy minęły te trzy dni szaleństwa, poczułam ulgę. Nareszcie będę mogła robić to, na co mam ochotę. Żadnych wizyt, żadnych dziwnych pytań ani porozumiewawczych uśmiechów. Czułam się tak zmęczona, że miałam ochotę zamknąć się w pokoju i wyjść z niego dopiero po Nowym Roku. Chwilę później dostałam od Olgi SMS-a.

*Idziemy jutro na łyżwy?*

*Taaaak!* – zgodziłam się bez wahania i od razu zadzwoniłam do Leona, Ady i Adama, który powiadomił Maksa.

Umówiliśmy się na przystanku tramwajowym, bo lodowisko znajduje się dość daleko od naszej dzielnicy. Leon najpierw ucieszył się na mój widok, a potem zrzedła mu mina, kiedy zaczęli do nas dołączać pozostali. Trzymał się z boku i unikał mojego spojrzenia. Miałam do siebie żal – tak strasznie nie chciałam urazić Olgi, że nie przyszło mi do głowy, iż mogę sprawić mu przykrość. Przynajmniej na lodzie starałam się dotrzymywać mu towarzystwa, ale tam nie dało się porozmawiać – było za głośno, a jeszcze Maks ciągle nam przeszkadzał.

Jedyny plus był taki, że udało mi się rozruszać, a jazda na łyżwach sprawiała mi tyle przyjemności, że nie miałam ochoty schodzić z tafli. Jednak reszta towarzystwa była już tak zmęczona i głodna, że postanowiliśmy pójść na pizzę.

– Czy ktoś widzi w tym sens? – zapytał Adam, gryząc pierwszy kawałek ciasta. – Przez ostatnie dni nie odchodziłem od stołu, a teraz znowu jestem głodny.

– Nie próbuj tego analizować, bo do niczego nie dojdziesz! – Maks się roześmiał, po czym zwrócił się do Olgi. – Dawno nie rozmawialiśmy o Hugonie. Masz jakieś nowe wiadomości z Niemiec?

– Ciągle coś przychodzi, ale nic konkretnego. – Pokręciła głową. – Wciąż nie trafiliśmy na właściwą osobę.

– Żebyśmy tylko zdążyli! – powiedziała z przygnębieniem Ada. – No wiecie, Hugo jest coraz starszy...

– Nawet o tym nie myśl! – powiedziałam z przekonaniem i spojrzałam na Leona, który siedział naprzeciwko.

Zobaczyłam w jego oczach radosne ogniki. Patrzył na mnie z taką intensywnością, aż musiałam opuścić wzrok. Wydawało mi się, że nikt tego nie dostrzegł, ale nagle przy stole zapadła cisza. Jakby wszyscy na coś czekali.

– No dobra, a co z waszym tłumaczeniem? – powiedziałam szybko, żeby zmienić temat. – Maks, kiedy się zabierzesz do swojego fragmentu?

– Ciągle brakuje mi czasu. – Uśmiechnął się i zaczął bębnić palcami o blat. – Jutro znów mamy próbę, bo w sylwestra gramy kolejny koncert.

– Gracie koncert? Gdzie? – zapaliła się Olga. – Bo ja nie mam żadnych planów... Mogę przyjść?

– Szkoda, że wcześniej nie powiedziałeś – skrzywiłam się. – Jutro wyjeżdżam w góry.

– A ja mam wystąpić w roli opiekuna na kinderbalu – dodał kwaśno Leon. – Mój brat plus dwóch małych kuzynów to nie jest wymarzony sposób na spędzenie sylwestra.

– Ale my możemy przyjechać, prawda, Adam? Olga, pójdziemy w trójkę!

– Świetnie, a potem pójdziemy na Rynek!

– Ja cię tylko proszę, nie zwlekaj z tym tłumaczeniem! – spojrzałam błagalnie na Maksa.

– Dobrze, już dobrze. – Machnął uspokajająco ręką. – Zabiorę się do niego, jak tylko zejdę ze sceny!

– Akurat! – parsknęliśmy śmiechem. – Lepiej poczekaj do następnego dnia, bo ci wyjdą same bzdury!

Po raz pierwszy w życiu nie miałam ochoty na jeżdżenie na nartach, zdecydowanie wolałabym zostać we Wrocławiu. Niestety, moi rodzice od lat spędzali sylwestra ze swoimi przyjaciółmi, a w dodatku uważali, że jestem za młoda, żeby zostać sama w domu. Co gorsza, wiedziałam, że nie będę tam miała zasięgu ani dostępu do Internetu. Wolałabym móc odbierać SMS-y, gdyby Leon chciał do mnie napisać. A może ja napisałabym do niego pierwsza?

Przez całą drogę siedziałam skwaszona na tylnym siedzeniu samochodu ze słuchawkami na uszach. Ignorowałam rodziców i udawałam, że nie słyszę, o co mnie pytają. Jednak kiedy dojechaliśmy na miejsce, nie mogłam już dłużej się boczyć. Widok ośnieżonych gór zawsze działa na mnie pozytywnie. Leon, Hugo i całe Breslau musieli poczekać. Teraźniejszość była zbyt kusząca, żeby z niej nie skorzystać.

Z początkiem stycznia we Wrocławiu dosypało śniegu, akurat wtedy, kiedy z powrotem zaczęliśmy chodzić do szkoły. Miasto było odświeżone, wygładzone białym puchem. Każdego poranka przedzierałam się przez nowe zaspy, przemieszczałam się ostrożnie po śliskich chodnikach, chroniąc twarz przed smaganiem zimnego wiatru. Śnieg padał bez przerwy, jakby chciał zatrzeć rzeczywistość, uśpić wszystkie lęki i niepokoje.

Do końca semestru zostały nam dwa tygodnie, bo już w połowie stycznia zaczynaliśmy ferie zimowe. W szkole niewiele się działo. Nauczyciele zajęci byli radami pedagogicznymi i uzupełnianiem dzienników. W sumie dobrze się złożyło, ciężko byłoby im zmusić nas do myślenia i zapamiętywania. Na szczęście nikt nie miał zamiaru zaczynać nowego działu, byłam zresztą pewna, że niewiele byśmy z niego zapamiętali.

Czekaliśmy na ferie. Maks i Adam wyjeżdżali na obóz sportowy, Leon zapisał się na zajęcia z informatyki na politechnice. Do Ady przyjeżdżała kuzynka, a ja miałam zamiar spotykać się jak najczęściej z Olgą.

I tak by pewnie się stało, gdyby nie to, że się rozchorowałam. Z niewielkiego przeziębienia rozwinęła się angina. Miałam gorączkę i potężny katar, w gardle tak mnie drapało, że w ogóle nie mogłam mówić. Lekarz przepisał mi antybiotyk i przykazał leżenie w łóżku. Zresztą i tak nie mogłabym się zmusić do jakiejkolwiek aktywności, bo byłam bardzo osłabiona. Dopiero po kilku dniach poczułam się lepiej. Ból głowy zelżał i nabrałam ochoty do czytania. Niestety, nie miałam w domu żadnej interesującej książki, bo nie zdążyłam pójść do biblioteki.

Chciałam poprosić Olgę o pomoc, ale kiedy wzięłam telefon do ręki, zupełnie nieświadomie zadzwoniłam do Leona. Nawet się zdziwiłam, gdy usłyszałam w słuchawce jego głos.

– To naprawdę ty? Trudno cię rozpoznać.

– Jestem chora od początku ferii.

– Przynieść ci jakieś książki z biblioteki? – zapytał, a mnie aż zatkało.

Skąd wiedział, po co do niego dzwonię?

– Dzięki. Wyślę ci SMS-em kilka tytułów – wychrypiałam.

– Nie ma sprawy. Wypożyczę na moją kartę i przyniosę zaraz po zajęciach.

– Super! – powiedziałam i choć miałam ochotę jeszcze porozmawiać, zaczęło mnie tak drapać w gardle, że musiałam się rozłączyć.

Leon.

Przyjdzie do mnie. A ja przyjmę go w piżamie i z brudną głową.

Nieźle jak na pierwsze spotkanie sam na sam.

Z niemałym trudem wstałam i poszłam do kuchni nastawić wodę na herbatę. Czekając, przyglądałam się, jak z cieżkich chmur znów sypie śnieg. Ciemne figurki przechodniów bezszelestnie przesuwały się po bieli. Mimo wczesnej pory świeciły latarnie uliczne. Zdawało się, jakby czas stanął w miejscu, padający śnieg zacierał rzeczywistość.

Przyjrzałam się w lustrze mojemu obszczypanemu nosowi. Powinnam się ogarnąć, zanim Leon przyjdzie. Umyć głowę, a jak wystarczy mi sił, zmienić pościel i uprzątnąć pokój.

Łatwo powiedzieć.

O myciu głowy nie było nawet co marzyć. Zdołałam tylko trochę się odświeżyć i czym prędzej położyłam się z powrotem do łóżka. Musiałam przysnąć na chwilę, bo obudził mnie dopiero dzwonek domofonu. Czym prędzej przebrałam się w dres. Zdążyłam nawet przeczesać włosy, zanim Leon wszedł do mieszkania.

– Zrobić ci coś do picia? – wychrypiałam.

– Sam sobie zrobię, a ty wracaj do łóżka! – powiedział, rozcierając zmarznięte ręce.

Słyszałam, jak otwiera po kolei wszystkie szafki w poszukiwaniu herbaty, potem coś spadło na podłogę. Szurał naczyniami po blacie, w końcu jednak wszedł do pokoju z dwoma kubkami w jednej ręce i paczką herbatników w drugiej.

– Chcesz? – Wyciągnął ciastka w moim kierunku.

Uśmiechnęłam się lekko i przecząco pokiwałam głową.

– To dobrze, wszystkie mi się połamały. – Usiadł na krześle i zaczął chrupać herbatniki, jeden po drugim. Przymknęłam oczy. Znów opadłam z sił, nie chciało mi się nawet rozmawiać.

– Mną się nie przejmuj, możesz sobie spać – powiedział Leon troskliwie. – Wypiję tylko herbatę i pójdę do domu.

Poczułam jeszcze, jak głaszcze mnie po dłoni, a po chwili zasnęłam już na dobre. Nie miałam pojęcia, jak długo przy mnie siedział, bo kiedy się obudziłam, jedynym śladem po jego obecności były książki, które zostawił na biurku.

Od razu do niego napisałam.

*Dzięki za książki. Trochę mi głupio, że zasnęłam.*

Nie musiałam długo czekać na odpowiedź.

*Nie przepraszaj, przecież jesteś chora. Jutro też do Ciebie przyjdę.*

Przyjdzie do mnie?

Znów to ukłucie w sercu.

Będę musiała w końcu umyć głowę – pomyślałam, jakby to była najtrudniejsza czynność świata.

Coś zaczynało się dziać.

Tylko nie miałam pojęcia, czy jestem na takie zmiany gotowa.

Od tego dnia Leon przychodził do mnie codziennie. Rozmawialiśmy o książkach i filmach. Oglądał ich całkiem sporo, a co więcej, miał własne zdanie na temat niemal każdego reżysera.

Przez jedno popołudnie oglądaliśmy albumy ze zdjęciami z mojego dzieciństwa, śmialiśmy się z moich kreacji na przedszkolne bale i zaaferowanych min podczas występów przed rodzicami. Wtedy uświadomiłam sobie, że jest pierwszą osobą, której pokazuję moje fotografie. W dodatku świetnie się przy tym bawiłam. Czułam się bardzo swobodnie i nie mogłam się doczekać kolejnego popołudnia spędzonego z Leonem.

W ostatnim dniu ferii byłam już całkowicie zdrowa. Ubrałam się w normalne ciuchy i nawet nałożyłam odrobinę błyszczyku na usta. Wyglądałam o wiele lepiej niż w dresie i miałam nadzieję, że Leon doceni tę przemianę, ale on zachowywał się zupełnie inaczej niż do tej pory.

Podrywał się z krzesła. Stawał w oknie i znów siadał z głębokim westchnieniem. Nerwowym ruchem wyszarpywał z kieszeni telefon albo bębnił palcami o biurko. Rozmowa zupełnie się nie kleiła, bo Leon zawieszał się w połowie zdania i kompletnie mnie nie słuchał.

– Co się z tobą dzieje? – zapytałam poirytowana, bo udzielało mi się jego napięcie. – Spieszysz się gdzieś?

– Nie, mam bardzo dużo wolnego czasu – odpowiedział i znów wstał, żeby z nerwowym podrygiem pochylić się nad plecakiem. Grzebał w nim przez dłuższą chwilę, po czym osunął się na krzesło.

– Możesz mi powiedzieć, o co ci chodzi? – Spojrzałam na niego wyczekująco.

– Chciałem... – Popatrzył na mnie.

– Mów!

– Chciałem, żebyś coś przeczytała.

Wyciągnął z plecaka zeszyt i położył na biurku. Zanim zdążyłam po niego sięgnąć, znalazł się w przedpokoju. Złapał buty, zdjął kurtkę z wieszaka i już go nie było.

– Leon! – zawołałam, jakby to mogło go zatrzymać.

Zachowywał się jak wariat.

Zaniepokojona, wyjrzałam przez okno. Leon stał na chodniku z szerokim uśmiechem i nawet mi pomachał na pożegnanie.

– O co chodzi? – wymamrotałam i otworzyłam zeszyt.

O matko... Z wrażenia aż usiadłam.

To były jego wiersze!

Nawet nie wiedziałam, że pisze, nikomu się nie przyznał.

Poczułam się ogromnie wyróżniona.

*Dziękuję* – napisałam tylko.

☺ – przyszła odpowiedź.

Było ich całkiem sporo, całe strony wypełnione nieczytelnym pismem. Musiałam się natrudzić, żeby je odczytać, choć po pewnym czasie przyzwyczaiłam się do tych wszystkich zawijasów. W wielu wierszach pisał o Breslau. Marzył o kolejnej podróży w czasie, tęsknił za tym niezwykłym przeżyciem.

W innym opisywał uczucia, jakie się w nim rodzą. Spojrzałam na datę – koniec października. Ada miała rację! Naprawdę mu się podobałam, choć wtedy nie przyszłoby mi to nawet do głowy.

W jego słowach było tyle delikatności i uczucia, aż poczułam się nieswojo. Jakbym dotykała jego duszy.

*Leon, jeszcze raz dziękuję. Twoje wiersze są świetne.* – napisałam, kiedy tylko skończyłam. – *Szkoda, że nie mogę teraz z Tobą porozmawiać.*

W odpowiedzi wysłał emotikonka. Czerwone serduszko. Bez końca wpatrywałam się w pulsujący wyświetlacz telefonu. Nigdy w życiu nie dostałam piękniejszego SMS-a.

W poniedziałek po obfitych opadach śniegu nie było już ani śladu. Lekki mróz szczypał mnie w policzki, a ostro świecące słońce było najlepszym dowodem na to, że zimowe przesilenie minęło. Teraz mogło być już tylko cieplej.

– Hej, Natalia! – dobiegł mnie znajomy głos.

– Co ty tu robisz? – zapytałam kompletnie zaskoczona widokiem Leona przed moją bramą.

– Czekam na ciebie – odpowiedział, jakby to było zupełnie oczywiste.

Nerwowym ruchem poprawił okulary i nawet lekko się zaczerwienił. A potem chwycił moją dłoń.

– Chodź, bo się spóźnimy.

O rany! Teraz to ja się zaczerwieniłam.

Pierwszy raz w życiu szłam ulicą, trzymając chłopaka za rękę. Miałam wrażenie, że wszyscy na nas patrzą.

– Lepiej się czujesz? – zapytał Leon i popatrzył na mnie z boku. Jakby czuł się nieco onieśmielony.

– Chyba tak – westchnęłam. – Już dawno nie spędziłam tyle czasu w łóżku!

Dalszą drogę przebyliśmy w milczeniu, byliśmy zbyt skrępowani. Jednak przyjemnie było czuć mocny uścisk jego dłoni. Będę musiała się do tego przyzwyczaić.

Kiedy tylko dotarliśmy pod szkołę, udałam, że muszę wytrzeć nos i puściłam rękę Leona. Może i dobrze się stało, bo tuż za bramą wpadliśmy na Maksa.

– Szybko, bo się spóźnimy! – zaganiał nas do wejścia.

Zerknęłam na wyświetlacz telefonu. Rzeczywiście, do dzwonka zostało tylko kilka minut, a przecież wyszłam z domu o tej samej porze! Zanim zdążyliśmy schować kurtki do szafek, zadzwonił dzwonek. Zdyszani wślizgnęliśmy się do sali i zajęliśmy wolne miejsca, przepraszając za spóźnienie.

Usiadłam obok Leona, co wzbudziło zainteresowanie Olgi. Odwróciła się w moją stronę i zapytała szeptem:

– Co się z tobą działo?

– Byłam chora – odpowiedziałam i wyprostowałam się na krześle. Anglistka nie znosiła, kiedy ktoś jej przeszkadzał i za byle szmer wstawiała minusy do dziennika.

Stęskniłam się za Olgą i koniecznie chciałam z nią porozmawiać. Jednak nie było to takie proste, bo Leon nie odstępował mnie na krok.

To było całkiem nowe.

Trochę nawet przyjemne uczucie.

Chociaż nie.

Potrzebowałam nieco więcej przestrzeni. Nie chciałam zaniedbywać przyjaciółki tylko dlatego, że mam chłopaka. I chociaż Leon był gotowy, żeby odprowadzić mnie do domu, powiedziałam mu, że chcę wracać z Olgą.

Szkoda tylko, że ona wcale nie chciała ze mną rozmawiać.

Zachowywała się tak, jakby była zazdrosna.

Ignorowała mnie, kiedy zaczynałam o czymś mówić, albo gwałtownie zmieniała temat. Opowiadała jakieś bzdury o ciuchach, które chce sobie kupić i o chłopaku z innej klasy, który wgapiał się w nią na przerwie. W dodatku przez całą drogę szurała butami, choć dobrze wiedziała, że tego nie znoszę!

Rozstałyśmy się przed jej domem. Zamiast pożegnania zapytała tylko, czy już zaczęłam czytać kolejną lekturę.

– Wiesz przecież, że mnie to nudzi – powiedziała. – Liczę na to, że streścisz mi ją dokładnie, tak jak zawsze!

Wymamrotałam coś pod nosem i z ulgą się z nią rozstałam.

Niedoczekanie twoje! – myślałam. – Nie mam najmniejszego zamiaru odwalać za ciebie całej roboty.

Tak się zdenerwowałam, że posprzątałam gruntownie kuchnię i nawet zmyłam podłogę (co mi się naprawdę rzadko zdarza). Podgrzałam zupę i dopiero kiedy zjadłam, poczułam się nieco lepiej. Zastanawiałam się nawet, czy nie zadzwonić do Leona i nie pożalić się na Olgę, ale zrezygnowałam. Nie chciałam wprowadzać jeszcze większego zamętu pomiędzy moimi najlepszymi przyjaciółmi.

Dopiero wieczorem przeszła mi cała złość, na tyle, że nawet zaczęłam czytać zadaną książkę. Postanowiłam, że zapamiętam każdy, nawet najdrobniejszy szczegół i przekażę Oldze jak najlepiej całą treść. Tylko po to, żeby była dobrze przygotowana do omawiania. Może wtedy zrozumie, jak bardzo mi na niej zależy.

Niestety, już następnego dnia okazało się, że dotarcie do Olgi będzie trudniejsze, niż mi się wydawało. Byliśmy z Leonem w drodze do szkoły, kiedy wyszła z bramy. Jednak zamiast do nas dołączyć, fuknęła nerwowe „Cześć" i ruszyła tak szybko, że nie mogliśmy za nią nadążyć.

– Co jej się stało? – zdziwił się Leon.

– Nie mam bladego pojęcia! Zaczyna mi działać na nerwy.

W szkole też mnie unikała. Znikała gdzieś na całe przerwy, czasami zabierając ze sobą Adę, albo przyłączała się do grupki dziewczyn z naszej klasy, czego nigdy dotąd nie robiła.

Próbowałam porozmawiać na ten temat z Adą, ale ona zupełnie nie widziała problemu.

– Daj jej trochę czasu. Musi się przyzwyczaić do nowej sytuacji.

– Nie pojmuję, o co jej chodzi? O kogo jest zazdrosna?

– O nikogo! – roześmiała się Ada. – Była przekonana, że to ona będzie miała pierwsza chłopaka. Nigdy nie brała pod uwagę Maksa, Leona ani Adama, była pewna, że pozna kogoś nowego w gimnazjum. A ty ją ubiegłaś. Zupełnie nie była na to przygotowana.

– Nic nie mogę zrobić?

– Musisz poczekać, aż Olga wszystko przetrawi. I pamiętaj, że ja się z was bardzo cieszę!

Ada miała rację. A ja mimo napiętych stosunków z Olgą byłam naprawdę bardzo szczęśliwa. Zwłaszcza kiedy nadeszły walentynki. Po raz pierwszy naprawdę czekałam na to święto.

Umówiliśmy się w sobotę po południu na Rynku. Im byłam bliżej, tym częściej widziałam chłopaków z długaśnymi różami w dłoniach. Żeby tylko Leon nie wpadł na taki pomysł! Nie miałam ochoty paradować z badylem po mieście. Odetchnęłam dopiero wtedy, kiedy go zobaczyłam. Uf, miał puste ręce!

Pocałował mnie w policzek, a potem ujął moją dłoń.

– Najpierw chciałbym cię zaprowadzić w jedno miejsce – powiedział i skręcił w jedną z bocznych uliczek, gdzie znajdował się sklep z żelkami na wagę!

– Ja chyba śnię! – wyszeptałam w zachwycie.

– Byłem pewien, że taka koneserka żelków jak ty zna to miejsce!

– Jestem kompletnie zaskoczona – odpowiedziałam i sięgnęłam po papierową torebkę. – Nie obrazisz się, jak wypełnię ją po brzegi?

– Sam chciałem ci to zaproponować. – Leon się roześmiał.

Później poszliśmy do kina, a podczas seansu cały czas trzymaliśmy się za ręce. Bynajmniej nie przeszkadzało nam to w zajadaniu się popcornem i w piciu coli. Po filmie Leon odprowadził mnie pod sam dom. To było miłe. Szliśmy cichymi uliczkami, które dobrze znałam, ale dziś dostrzegałam ich niesamowity urok. Czułam się taka spokojna i szczęśliwa.

Gdyby nie moja sąsiadka, która akurat wyszła na spacer z psem!

Cóż, myślę, że Leon miał wielką ochotę mnie pocałować. Przyglądał mi się z taką uwagą i nie chciał wypuścić z objęć.

Niestety, sąsiadka krążyła wokół jak satelita i za nic nie chciała nas opuścić.

A potem zaczął padać drobny deszcz ze śniegiem i zrobiło mi się zimno.

– Dziękuję ci, Leon – powiedziałam. – To były najpiękniejsze walentynki w moim życiu.

– Też tak uważam. – Uśmiechnął się. – Dobrze, że nie czekałem dłużej.

– Na co?

– Na to, żeby się z tobą umawiać. Walentynki by przepadły... – Mrugnął do mnie.

– Trzeba by czekać do kolejnego roku... – Pokiwałam głową.

– A tak mamy to już z głowy! – Dał mi lekkiego kuksańca w bok. – Biegnij do domu, nie chcę, żebyś się przeziębiła.

– Dziękuję za wszystko – wyszeptałam i przytuliłam się do niego jeszcze raz.

Od tego dnia zaczęłam się czuć nieco pewniej jako dziewczyna Leona. Przestało mi przeszkadzać to, że staliśmy się niemal nierozłączni. Razem odrabialiśmy zadania domowe, nawet w chemii potrafił mi pomóc. Szybko zresztą się przyznał, że przychodził na korepetycje do mamy Olgi tylko po to, żeby mnie spotkać. Czułam, że oddalamy się od pozostałych, skupieni byliśmy tylko na sobie. Breslau, Hugo, przedsionek – z każdym dniem coraz mniej o tym myślałam. Było mi dobrze, kiedy byłam z Leonem. I nie zaprzątałam sobie głowy innymi problemami.

Tak minął nam luty i niemal cały marzec. Nigdy nie lubiłam tego miesiąca, który tylko zwodził obietnicą wiosny. Pogoda ciągle się zmieniała, wiatr przepychał masy zimnego powietrza, robiąc miejsce dla ciepła i słońca. Cóż jednak z tego, kiedy zima wcale nie chciała odejść? Śnieg padał niemal codziennie tylko po to, by roztopić się do wieczora. Kiedy wreszcie zrobiło się na tyle ciepło, że mogłam założyć lżejszą kurtkę, zaczęły padać deszcze. Poranki były ciemne, a chmury nasiąknięte wilgocią wisiały nisko ponad dachami.

Właśnie w taki ponury wiosenny dzień Leon poprosił, żebym po lekcjach poszła z nim do przedsionka. – Gdzieś mi się zawieruszyła pompka do roweru. Może tam została?

– Całkiem możliwe – przytaknęłam.

Mieliśmy kłopot z przekręceniem klucza w zamku, a drzwi wydały nam się dziwnie ciężkie. Co gorsza, w przedsionku panował okropny nieład.

Pająki zdążyły opleść wszystkie kąty, na podłodze leżały zeschnięte liście i jakieś papiery, przyniesione przez wiatr. Mimo że Olga pilnowała, żebyśmy zabierali ze sobą śmieci, znaleźliśmy kilka zapleśniałych kanapek i karton ze sfermentowanym sokiem.

– Jak mogliśmy do tego dopuścić? – Przeciągnęłam ręką po zakurzonym wieku kufra.

– Musimy tu jak najszybciej posprzątać! – powiedział zdecydowanie Leon. – Dzwoń po bliźniaki, ja zawiadomię resztę.

Na szczęście nie odeszli daleko. Nawet naburmuszona Olga pojawiła się po dłuższej chwili.

– To nie może tak wyglądać – powiedział Leon z naciskiem. – Jeśli ktokolwiek chciałby jeszcze się przenieść do Breslau, powinniśmy tu posprzątać.

– I to jak najszybciej!

– Nie wiem, czy to warto? – Olga w skupieniu oglądała swoje paznokcie. – Naprawdę wierzycie, że będziemy tu jeszcze przychodzić? Niektórzy wolą własne towarzystwo.

– O co ci chodzi? – zdziwił się Maks.

– Pewnie o mnie i Natalię. – Leon wzruszył ramionami.

– Oj rany, jakie to ma znaczenie? – bagatelizował Adam. – Trudno te gołąbeczki rozdzielić, ale to nie zmienia niczego pomiędzy nami.

Zaczerwieniłam się, a Ada parsknęła zduszonym śmiechem.

– Olga, możesz przestać się boczyć? To nic nie da – powiedział pojednawczo Maks.

– Niech będzie – westchnęła ciężko. – Robię to tylko dlatego, że beze mnie nie uda wam się doprowadzić tego miejsca do normalnego stanu!

– Kiedy sprzątamy?

– Może w środę?

– Niech będzie środa! – potwierdzili wszyscy.

– Olga, przepraszam cię – dodałam jeszcze. – Strasznie cię zaniedbałam. Nie wiem nawet, co powiedzieć.

– Rozumiem. – Spojrzała mi głęboko w oczy. – Też bym wolała spędzać czas z chłopakiem niż z przyjaciółką. Przynajmniej na samym początku. Byłabym w takiej samej euforii jak ty.

– To się musi zmienić – powiedziałam z przekonaniem.

– A ja obiecuję, że nie będę wam przeszkadzał! – podsumował Leon.

W środę zjawiliśmy się w przedsionku zaraz po lekcjach. Tak jak poprzednio, przynieśliśmy ze sobą butelki z ciepłą wodą i od razu zabraliśmy się do pracy.

– Ależ mi tego brakowało! – Ada kijem od szczotki ściągała z sufitu pajęczyny.

– Czego ci brakowało? Pająków? – zapytał Maks.

– Nie! – Chlapnęła go wodą. – Tak dawno nie spotykaliśmy się tutaj! Zapomniałam już, jak fajne jest to miejsce.

– Ja się trochę bałam – włączyłam się. – Wystraszyło mnie ostatnie przeniesienie.

– Mnie wtedy też strach obleciał – wyznał ze wstydem Adam. – Jednak teraz myślę tylko o tym, że to była szansa. Zrobiliśmy coś dobrego. Może udało nam się uratować czyjeś życie?

– Czasami śnią mi się twarze tamtych ludzi – dodał Maks. – Mam nadzieję, że naprawdę wyjechali…

– Faktycznie – przyznałam. – Powinniśmy myśleć o tym przeniesieniu tylko w taki sposób.

– Zmieniliście czyjś los! – Ada się uśmiechnęła.

– A my teraz zmienimy wygląd naszego przedsionka. – Olga wcisnęła mi do ręki miotłę. – Zabierz się do zamiatania, a ja zmyję podłogę.

Z każdym pociągnięciem szczotki czułam, jak opuszcza mnie niepokój. Im było tu czyściej, tym bardziej miałam ochotę na to, żeby zaczęło się coś dziać.

– Widać, że to miejsce znów do nas należy! – powiedziała z zadowoleniem Ada, a Maks kichnął jakby na potwierdzenie jej słów.

– Można uznać, że skończyliśmy? – Uśmiechnął się, po czym wyjął z plecaka kilka kartek. – Usiądźcie wygodnie, a ja wam coś przeczytam.

– Maks! Czemu nie powiedziałeś od razu?

– O czym? Przecież od dwóch miesięcy na to czekam! W ogóle już ze sobą nie rozmawialiśmy!

– Po części to moja wina – powiedziała Olga z ociąganiem. – Byłam zła na Natalię... I na Leona.

– Ale się namieszało! – Przytuliłam ją mocno i pociągnęłam za rękę, żeby usiadła obok mnie.

– Zanim zacznę, chciałbym jeszcze powiedzieć, że tłumaczenie to najgorsza robota, jaką mogę sobie wyobrazić! – ciągnął Maks. – Nigdy więcej nie dam się na to namówić!

– Czytaj już! Czytaj!

**Breslau/Wrocław, 1 października 1945**
*Ostatnie dni były bardzo spokojne. Wydawało się, że najgorsze za nami, ale to tylko pozory, bo Niemcy na pewno nie są we Wrocławiu bezpieczni.*

*Tej nocy znów się zaczęło. Obudziła mnie strzelanina. Całkiem blisko, gdzieś na naszej ulicy. Ktoś biegł chodnikiem, a potem schował się w naszej bramie. Słyszałem kłótnię i odgłosy bójki.*

*Dopiero nad ranem udało mi się z powrotem zasnąć. Ciężkie czasy nastały. Ciągle jestem głodny, a jakby tego było mało, nie mamy czym palić w piecu. Tak jak inni, wygrzebujemy spod gruzu połamane meble. Drewno dobrze się pali, choć daje niewiele ciepła. Lepszy byłby węgiel, tylko skąd go wziąć? Codziennie rano wychodzę z domu, żeby zdobyć opał. Oddalam się coraz bardziej od naszej ulicy, za to nigdy nie wracam z pustymi rękami. Dopiero po moim powrocie mama wychodzi na plac. Nie możemy zostawić mieszkania bez opieki, to zbyt ryzykowne. Ktoś mógłby je zająć pod naszą nieobecność. Z każdym dniem coraz bardziej niecierpliwie czekamy na wyjazd do Rzeszy, choć nie sądziłem, że kiedykolwiek się do tego przyznam.*

*Teraz jestem w przedsionku. Nie mam za dużo czasu, ale zaglądam tu codziennie z nadzieją na przeniesienie. Marzę o tym, żeby znów poczuć się swobodnie we własnym mieście, usłyszeć niemiecki na ulicach i zjeść ciepły posiłek... Od wielu dni musi nam wystarczyć czarny chleb, a i to nie zawsze. Nie mogę o tym za długo myśleć, znów zaczyna mi się kręcić w głowie...*

*Późnym wieczorem, już w domu*

*Jesteśmy uratowani! Jedzenia wystarczy nam co najmniej na tydzień!*

*Przedsionek znów przyszedł nam z pomocą!*

*Ostatnie, co pamiętam, to skurcz żołądka, tak bolesny, że zwinąłem się z bólu. Próbowałem zebrać resztki sił, kiedy nagle dobiegł do moich uszu szum płynącej wody. Przelewała się bystrym nurtem, jakbym siedział nad brzegiem rzeki. Byłem pewien, że zaczął padać deszcz. Myślałem, że dach zaczął przeciekać.*

*Otworzyłem oczy i zerwałem się na równe nogi.*

*Woda rozlewała się szerokim strumieniem, przetaczała spienione fale. Oparłem się plecami o ścianę jakiegoś budynku...*

*Zostałem przeniesiony!*

*Dlaczego zawsze jest to taki dzień, w którym dzieje się coś niezwykłego?*

*Stałem na ulicy zalewanej przez wodę. Powódź zagrażała mojemu miastu.*

*Powódź w Breslau.*

*Przecież babcia opowiadała mi o tym, kiedy jeszcze żyła.*

*Z wrażenia zrobiło mi się gorąco. Zdjąłem sweter, a po namyśle ściągnąłem też buty i podwinąłem spodnie. Teraz woda nie mogła mi zaszkodzić.*

*Raptem ktoś otworzył drzwi znajdujące się tuż za moimi plecami. Z kamienicy wyszła śliczna dziewczyna, zapewne służąca, bo w ręce trzymała duży kosz. Pewnie wysłano ją po zakupy. Dziewczyna z obawą przyglądała się mętnej wodzie, a potem spojrzała na swoje nogi. Pewnie nie chciała zamoczyć trzewików.*

*Zapytałem, czy nie potrzebuje pomocy, a ona uśmiechnęła się z wdzięcznością i poprosiła, żebym ją przeniósł na sąsiednią ulicę. Podobno tam woda jeszcze nie dotarła, a ona koniecznie musiała załatwić sprawunki. Kazała mi kucnąć, a sama mocno objęła mnie za szyję. Dobrze, że w ostatnim czasie dźwigałem meble, przyzwyczaiłem się do noszenia ciężarów!*

*Kiedy tylko dotarliśmy do suchego chodnika, zsunęła się z moich pleców i podała monetę. Dobry sposób na zarobek – ucieszyłem się.*

*Od razu zabrałem się do działania. Wypatrywałem służących i oferowałem im transport przez zalaną ulicę, aż do suchej przecznicy. To było takie proste! Z każdą godziną moja kieszeń robiła się coraz cięższa, a kiedy pojawili się konkurenci, po prostu przeniosłem się w inne miejsce. Wszędzie byłem potrzebny.*

*Kiedy nadeszła pora obiadu, ulice nagle opustoszały, a ja poczułem, jak bardzo jestem wyczerpa-*

ny. *Już wcześniej zauważyłem w jednym z zaułków gospodę, na szczęście była czynna i mogłem liczyć na posiłek.*

*Przy stolikach siedziało mnóstwo gości, panowała radosna atmosfera, jakby nikt nawet nie zauważył tego, że woda zalewa nasze miasto. Z trudem znalazłem wolne miejsce i zamówiłem obiad. Co gorsza, byłem tak głodny, że nie pomyślałem o mamie i Hannah! Wstyd się przyznać, ale nic im nie zostawiłem. Byłem jednak dobrej myśli – nie miałem wątpliwości, że po obiedzie uda mi się zarobić pieniądze, za które kupię jedzenie. Nie wziąłem jednak pod uwagę żywiołu, który pociągnął za sobą ciąg dramatycznych wydarzeń.*

*Właśnie chciałem wyjść, kiedy okazało się, że poziom wody wzrósł na tyle, że nie da się otworzyć drzwi gospody. Na szczęście lokal połączony był z mieszkaniem karczmarza, które znajdowało się na pierwszym piętrze. Chciałem jak najszybciej opuścić gospodę, ale wtedy zagadnął mnie karczmarz. Zapytał, czy nie chciałbym zarobić, i wskazał na kosz wypełniony po brzegi jedzeniem. Trzeba było go zanieść do mieszkania pewnego stołownika, który codziennie, od wielu lat, jadał w gospodzie. Nie pojawił się dzisiaj, przypuszczalnie z obawy przed powodzią. Był samotny i zapewne głodny.*

*Zgodziłem się bez wahania, choć z tego powodu to mnie dręczą teraz wyrzuty sumienia. Ledwo wspiąłem się na wąskie schody prowadzące do mieszkania karczmarza, gdy poczułem znajome zawroty głowy. Potknąłem się, a potem przewróciłem. Myślałem tylko o tym, żeby nie wypuścić koszyka z ręki.*

*I tak się stało.*

*Ocknąłem się na kamiennej posadzce w przedsionku. Ktoś w Breslau wciąż czekał na swój obiad, bo kosz wypełniony jedzeniem stał obok mnie. Nie zdołałem go dostarczyć.*

*Mogłem jedynie zanieść go do domu.*

*Mama i Hannah rozpłakały się... Nie mogły uwierzyć, że przyniosłem tyle jedzenia tylko dla nas! Mama była pewna, że ukradłem komuś ten kosz i że będziemy mieli kłopoty. Powiedziałem, że dał mi go pewien Niemiec. Nie chciała uwierzyć, ale przecież to była najprawdziwsza prawda.*

Maks zakończył czytanie.

– Poważnie była jakaś powódź jeszcze przed wojną? – zdziwiła się Olga. – Słyszałam tylko o tej w 1997...

– Tak, w 1903 roku. – Maks zajrzał do notatek.

– O rany! Przecież ja byłem w Breslau trzy lata później! – uświadomił sobie Leon.

– Też o tym myślałem.

– To znaczy, że teoretycznie możemy się spotkać w przeszłości – dopowiedział Adam.

– Co więcej, możemy natknąć się na Hugona! – przyszło mi do głowy.

– Może już się to stało?

– Szkoda, że nie wiemy, jak wygląda – westchnęła Ada.

– Mogłoby nastąpić kompletne pomieszanie czasów i rzeczywistości – analizował Leon.

– Byłoby o wiele gorzej, gdyby doszło do zamiany podczas powrotów. Moglibyśmy trafić do powojennego Wrocławia, a Hugo do naszych czasów – powiedziała złowieszczo Olga.

– Nawet o tym nie myśl! – Leon chwycił mnie za rękę.

– Jak dotąd wszyscy wrócili do tego samego dnia, w którym zostali przeniesieni. Miejmy nadzieję, że Hugo też.

– Niestety. Wciąż nie mam od niego żadnych wiadomości. – Olga uprzedziła wszelkie pytania. – Powoli tracę nadzieję, że się odezwie.

– Szkoda. Strasznie chciałabym go poznać – powiedziałam z żalem.

– Świetnie, że udało nam się spotkać! – Ada zerknęła na zegarek. – Niestety, musimy już lecieć. Następny autobus mamy dopiero za godzinę.

Mimo że rozstaliśmy się w pośpiechu, miałam poczucie, że udało nam się coś ważnego naprawić. Najbardziej cieszyłam się, że wracam do domu z Olgą. Rozmawiałyśmy o błahych sprawach, nie wracając do tego, co nas poróżniło. Pewnie za jakiś czas przyzwyczai się do tego, że Leon jest moim chłopakiem. Choć prawdę mówiąc, najlepiej byłoby, gdyby ona też sobie kogoś znalazła. Zdaje się, że to dla niej naprawdę bardzo ważna sprawa.

W kwietniu na naszej hali sportowej odbywał się międzyszkolny turniej gry w siatkówkę. Adama i Maksa ciągle nie było na lekcjach, niemal każdego dnia grali jakiś mecz. Nasza drużyna była dobra i niemal zawsze wygrywała. W końcu dostała się do finałów, które miały się odbyć w sobotę. Postanowiliśmy, że przyjdziemy na ostatni, sobotni mecz, żeby dopingować chłopców.

Ada spała u mnie z piątku na sobotę. Umówiłyśmy się też z Olgą, że po rozgrywkach pójdziemy razem na lody. Niestety, obudziło nas tłuczenie deszczu o szyby.

– Ale leje! – jęknęła Ada.

Było tak ciemno i ponuro, że musiałyśmy zapalić światło w kuchni. Nieco nieprzytomne zjadłyśmy śniadanie i zaczęłyśmy się zbierać do wyjścia.

– Nie zapomnijcie o parasolach! – przypomniała moja mama. – Najlepiej byłoby, żebyście założyły kalosze.

– Nigdy w życiu! – odpowiedziałam z godnością.

– Może Ada będzie mądrzejsza od ciebie? – zapytała z nadzieją mama.

– Dziękuję pani, ale moje trampki sprawdzają się przy każdej pogodzie. – Ada uśmiechnęła się przepraszająco.

– Trudno – westchnęła mama. – Życzę wam dobrej zabawy!

Nigdy nie powiedziałabym tego na głos, ale tym razem mama miała rację. Już w połowie drogi dotarło do nas, że wychodzenie w trampkach na taki deszcz to nie był dobry pomysł. Nawet spodnie miałam kompletnie przemoczone. A kiedy strużki lodowatej wody zaczęły mi ściekać po plecach, zrobiło się naprawdę nieciekawie.

– Okropnie mi zimno! – Ada cała się trzęsła.

– Musimy się przebrać!

Na szczęście zostawiłyśmy w szafkach stroje na WF. Z ulgą zdjęłyśmy mokre skarpetki i włożyłyśmy suche trampki. Dopiero wtedy mogłyśmy pójść na salę gimnastyczną. Niemal wszystkie miejsca na trybunach były zajęte, ale Leon miał dla nas krzesełka.

– Gdzie Olga? – zapytałam i cmoknęłam go w policzek.

– Powiedziała, że nie ma odpowiednich butów na taką pogodę. Ale jesteś zimna! – Dotknął mojej dłoni. – Lepiej załóż moją bluzę!

Bluza była ciepła i przyjemnie pachniała Leonem. Gdyby nie to, że wciąż miałam mokre włosy, czułabym się całkiem znośnie.

Chwilę później drużyny wyszły na boisko, sędzia zagwizdał i rozpoczął się pierwszy set. Siatkówka nie bardzo mnie interesowała, wolałam siedzieć z głową opartą na ramieniu Leona i cieszyć się z tego, że jesteśmy razem. Za to Ada już przy pierwszej akcji pod siatką zerwała się z miejsca i żywiołowo zagrzewała brata do walki. Aż do przerwy, bo wtedy pojawił się przy nas zgrzany Adam.

– Siostra, ratuj! – wysapał. – Te cholerne buty tak mnie obcierają, że nie mogę grać!

– Od razu zauważyłam, że coś jest nie tak!

– Błagam cię, przynieś moje stare buty z przedsionka!

– Wysyłasz mnie na taki deszcz? – skrzywiła się Ada.

– Odwdzięczę się! – wyjęczał Adam.

– Niech ci będzie. Ale pamiętaj: przez cały miesiąc zmywasz za mnie naczynia! – Ada z niechęcią ruszyła w stronę wyjścia.

Adam, sycząc i lekko kulejąc, poszedł na boisko, a trener od razu posadził go na ławce rezerwowych. Oby Ada się pospieszyła, to będzie miał szansę jeszcze wrócić do gry!

Kiedy rozpoczął się drugi set, zupełnie przestałam śledzić to, co działo się na boisku. Siedziałam przy boku Leona całkowicie pochłonięta własnymi myślami. Od czasu do czasu sięgałam do kieszeni po żelka, ale tak naprawdę całkowicie odizolowałam się od otoczenia. Trudno mi nawet powiedzieć, co zaprzątało moją głowę. Myśli przepływały, dryfowały w świadomości, ale żadna z nich na dłużej nie przykuła mojej uwagi. Radosne okrzyki kibiców i zmieniająca się punktacja na tablicy świetlnej nie były w stanie wytrącić mnie z tego stanu.

Straciłam poczucie czasu. Było mi ciepło i wygodnie i wciąż zastanawiałam się tylko nad tym, dlaczego bluza Leona jest tak miękka. Dopiero błagalny wzrok Adama przywrócił mnie do rzeczywistości.

– Ada jeszcze nie wróciła? – spytałam sennie.

W tym samym momencie nasza drużyna zdobyła kolejny punkt, którego potrzebowaliśmy do zwycięstwa. Byliśmy mistrzami gry w siatkówkę!

Szkoda tylko, że Adam nie mógł w tym uczestniczyć.

– Ada jeszcze nie wróciła – powiedziałam jeszcze raz, tym razem głośno i wyraźnie.

– Co?

No tak, w tym hałasie trudno było cokolwiek usłyszeć. Machnęłam tylko ręką i z nadzieją spojrzałam na drzwi, w których zamiast Ady pojawili się dyrektor szkoły i inni nauczyciele. Zawodnicy ustawili się na boisku, a dyrektor każdemu po kolei podał rękę.

– Obydwie drużyny wykazały się ogromną wolą walki i sportowym duchem. Obserwowałem wasze zmagania ze szczerym podziwem. Gratuluję wszystkim zawodnikom – powiedział. – Z dumą oświadczam, że tegoroczny turniej siatkówki wygrało Gimnazjum numer 13!

Nastąpiła dekoracja zawodników i wręczenie pucharów, a potem fotograf ustawił zwycięzców do pamiątkowej fotografii.

– Dlaczego wciąż jej nie ma? – Czułam dziwny niepokój.

– Zobacz, jaki tłum przy wyjściu! – odezwał się ze spokojem Leon. – Pewnie czeka na korytarzu.

– Masz rację. Poczekamy, aż wszyscy wyjdą – zgodziłam się i apatycznie opadłam na krzesełko.

Po dłuższej chwili udało nam się opuścić halę sportową. Niestety, korytarz był zupełnie pusty.

– Zadzwonię do niej – postanowiłam, ale Ada nie odbierała. – To dziwne. Przecież ona zawsze ma przy sobie telefon!

Spojrzałam bezradnie na Leona.

– Nie denerwuj się. Poczekamy tutaj na Maksa i Adama.

Usiedliśmy na ławce w przeszklonym korytarzu, który łączy budynek szkoły z halą sportową. Próbowałam wypatrzeć Adę przez okno, ale niewiele mogłam zobaczyć przez rzęsiste strugi wody. Zdawało mi się, że przez deszcz zostaliśmy zupełnie odcięci od świata.

Swoim zwyczajem oparłam się o ramię Leona i wtedy ogarnęła mnie taka senność, że oczy same zaczęły mi się zamykać. Ocknęłam się dopiero wtedy, kiedy Adam i Maks wyszli z szatni. Zerknęłam na zegar. Od zakończenia meczu minęło już dobre pół godziny.

– Widzieliście Adę? – zapytałam nieprzytomnie.

– Myślisz, że weszła do męskiej szatni? – Maks się roześmiał.

– Nie mogę w to uwierzyć! – Adam był naprawdę rozczarowany. – Siostra mi się zepsuła!

Nagle doznałam olśnienia. Z wrażenia aż wstałam i uniosłam wysoko ręce.

– Ona się przeniosła!

– Co?

– Ada się przeniosła. Nie ma innego wytłumaczenia!

– Ciekawe, gdzie się teraz podziewa? – Maks spojrzał na szkolne podwórko, jakby tam kryła się odpowiedź na jego pytanie.

– I kiedy wróci?

– Czekacie na kogoś? – Nieoczekiwanie w łączniku pojawiła się pani sprzątaczka. Było to tak nieoczekiwane, że aż podskoczyłam. – Szkoła jest zupełnie pusta, tylko wy się ociągacie!

– My też już idziemy – zadecydował Maks. – Poczekamy na nią w przedsionku.

– Nasza obecność może zaburzyć kontinuum czasowe! – sprzeciwił się gwałtownie Leon.

– Pewnie nadal jest w Breslau! – dołączyłam się.

Sprzątaczka odprowadziła nas osłupiałym wzrokiem, a kiedy skręciliśmy w korytarz, który prowadził już do wyjścia, usłyszeliśmy trzaśnięcie drzwi. Ada biegła w naszym kierunku, wymachując przy tym rękami na wszystkie strony.

– Nigdy nie zgadniecie, gdzie byłam! – zawołała podekscytowana.

– W Breslau!!! – powiedzieliśmy jednogłośnie.

– Skąd wiecie?! To było po prostu niesamowite!

– Później nam wszystko opowiesz – uspokajał ją Maks.

– Nie mogę teraz? Chodźmy do przedsionka!

– Bez Olgi? Nie możemy jej tego zrobić – oponowałam. – Może po prostu przyjdziecie do mnie? – zaproponowałam.

– Zgoda, ale dopiero po obiedzie! – rzucił Adam.

– Nie masz serca! – Ada spojrzała na niego z wyrzutem. – Nawet nie wiesz, na jakie męczarnie mnie skazujesz!

– Umawiamy się na czwartą? – Zatrzymałam się przed przejściem dla pieszych. – Zadzwonię do Olgi.

– Będziemy na pewno. Tylko pamiętaj. Nikomu ani słowa! – zawołał jeszcze Leon i chłopcy poszli w swoją stronę.

Ada włożyła ręce do kieszeni i głęboko westchnęła.

– To się wydarzyło tak niespodziewanie – powiedziała i zaraz kichnęła. – W ogóle nie przyszło mi do głowy, że mogłabym się przenieść, byłam zła na Adama… A teraz tak strasznie boli mnie głowa!

– Musisz dojść do siebie – pocieszałam ją. – Położysz się do łóżka, pewnie ci przejdzie.

Wyglądała na wykończoną. Ledwo weszłyśmy, od razu poszła do mojego pokoju i błyskawicznie zasnęła. Przeniosłam się do kuchni, a mama zagoniła mnie do pracy.

– Myślę, że może powinnam zadzwonić do jej rodziców – martwiła się. – Chyba nie zrobiłyście żadnego głupstwa?

– Daj spokój, mamo! – zdenerwowałam się. – Mówiłam przecież, że byłyśmy w szkole na turnieju siatkówki! Mogę przysiąc, że Ada niczego nie piła ani nie paliła!

– Ja niczego nie sugeruję! – Teraz to ona się oburzyła.

– Pewnie przemokła po drodze. – Tato grzebał palcami w słoiku z ogórkami kiszonymi i próbował wyciągnąć choć jednego, ale wyślizgiwały mu się z rąk. – Trzeba by jej dać aspirynę.

– Myślę, że to nic poważnego – uspokajałam i podałam tacie widelec. – Będzie ci łatwiej.

– Jeśli będzie taka potrzeba, odwiozę ją do domu samochodem – obiecał tato.

– Adam z nią wróci. Naprawdę, niepotrzebnie się martwicie – bagatelizowałam.

No i tylko pogorszyłam. Zapomniałam, jakimi hipochondrykami są moi rodzice. Jakbym poruszyła kamień, który uruchomił lawinę.

Zaczęli mnie przestrzegać przed zagrożeniami, z których w ich mniemaniu nie zdawałam sobie sprawy. Począwszy od palenia papierosów, poprzez alkoholizm nastolatków, skończywszy na brawurowych popisach, które zawsze miały tragiczny finał.

I tak przez cały obiad.

Siedziałam nad pustym już talerzem, kiwałam głową i starałam się sprawiać wrażenie, że naprawdę się przejmuję tym, co mówią. Gdyby pozwolili dojść mi do głosu, od razu bym powiedziała, że palenie papierosów w ogóle mnie nie interesuje, a tym bardziej picie alkoholu. Wolałam się jednak nie wyrywać, lepiej dla nich, jak pozwolę im się wygadać. Dopiero kiedy zabrałam się do sprzątania kuchni (przypominam, że pomagałam też przy gotowaniu, więc było to z mojej strony wielkie poświęcenie), udało mi się wytrącić ich z histerii, w którą sami się wpędzili.

– Zaraz, zaraz. Przecież ty nie lubisz zmywać? – Tato spojrzał na mnie podejrzliwie.

– No, teraz to dopiero zaczynam się o ciebie martwić – westchnęła mama.

– Idźcie pooglądać telewizję albo poczytajcie jakąś gazetę. – Popatrzyłam na nich błagalnie. – Mówiłam już, że za chwilę przyjdzie Olga z chłopakami? Chciałabym tu trochę ogarnąć.

W końcu sobie poszli, a ja mogłam się zająć wkładaniem naczyń do zmywarki.

– Hej, hej! – Właśnie wtedy Ada pojawiła się w kuchni i od razu usiadła za stołem. Wciąż była blada i wyglądała na zmęczoną.

Zanim zdążyłam się nią zająć, przybiegła moja mama. Przyłożyła dłoń do czoła Ady, patrząc jej przy tym głęboko w oczy – jakby mogła z nich wyczytać, co też się stało przed południem. W taki sprytny sposób sprawdzała, czy nie ma rozszerzonych źrenic, a przy okazji wąchała, czy nie czuć od niej alkoholu albo papierosów. Pokręciłam tylko głową i wróciłam do zmywania.

– Wygląda na to, że nic ci nie jest – powiedziała mama z ulgą. – Na wszelki wypadek weź aspirynę po obiedzie.

– Ja się nią zajmę. – Delikatnie wyprowadziłam mamę z kuchni.

Chwilę później zadzwonił domofon, a moi rodzice postanowili nam jednak zaufać i stwierdzili, że pójdą do teatru.

– Nic z tego nie rozumiem – powiedział tato na odchodnym. – W końcu wyszło słońce, a wy chcecie siedzieć w domu?

– Nie mamy wyjścia, musimy omówić pewien projekt – odezwał się Maks.

– Za dużo im zadają, mówiłam to nieraz! – słyszałam jeszcze głos oburzonej mamy i nareszcie drzwi się zamknęły.

– To były najgorsze godziny w moim życiu! – Ada odetchnęła z ulgą.

– Jak się czujesz? – zaniepokoił się Adam.

– Strasznie długo musiałam na was czekać! – spojrzała z wyrzutem.

– Ale już jesteśmy! Opowiadaj!

## Opowieść Ady

– Możecie sobie wyobrazić, jaka byłam wściekła – zaczęła Ada. – Lało po prostu niemiłosiernie, choć moim trampkom nic już nie mogło zaszkodzić, i tak były całkowicie przemoczone.

– Siostra, wybacz! – przerwał Adam, ale go uciszyliśmy.

– Nawet mi przez głowę nie przeszło, żeby się przejmować podróżami w czasie – ciągnęła. – Marzyłam tylko o tym, żeby jak najszybciej wrócić do szkoły. Chwyciłam worek z butami i wtedy usłyszałam ciche skrzypienie. Tylko zerknęłam w stronę kufra, ale już wiedziałam. Wieko było otwarte. Miałam cholerny dylemat. W ręku trzymałam ten nieszczęsny worek, wiedziałam, że Adam na mnie czeka. Ale jednocześnie chciałam zajrzeć do środka... Podejrzewałam jednak, jak się to skończy. Uznałam, że zaniosę mu te buty i wrócę.

– Twarda jesteś! – przerwał jej Leon.

– Łatwo nie było! Otworzyłam więc drzwi, a tam piękna pogoda! Słońce świeci, ptaki śpiewają! To było po prostu niewiarygodne. Wtedy dotarło do mnie, że to nie jest ulica Reja. Stałam na progu, pomiędzy dwoma światami. Za mną były szkoła, turniej siatkówki i nieszczęsne buty Adama. A przede mną rozciągało się przedwojenne Breslau. Słyszałam nawet rozmowy po niemiecku!

Spojrzałam w dół, na moje przemoczone trampki, które już zdążyły zniknąć. Ubranie dostosowało się do podróży w czasie...

– Co miałaś na sobie? – nie wytrzymała Olga.

– Sukienkę w granatowo-białe pasy, z dużym kołnierzykiem. A włosy zaplotły się w dwa warkocze zakończone ogromnymi kokardami.

– Uroczo! – zachichotałam.

– Wyglądałaś dokładnie jak ja! – szepnęła Olga.

– Wahałam się jeszcze przez chwilę, ale w końcu rzuciłam worek z butami za siebie i zrobiłam pierwszy krok. Znalazłam się na parkowej alejce. Odwróciłam się, ale wejście do przedsionka zdążyło już zniknąć. Jakby go w ogóle nie było.

— A ty znalazłaś się…

— Przed Halą Stulecia. Było tam mnóstwo ludzi, którzy przyszli na jakieś targi czy coś takiego. Wiedziałam, że będą dziwnie ubrani, ale i tak zrobili na mnie ogromne wrażenie. Zwłaszcza że było naprawdę gorąco. Te kobiety w sukniach do samej ziemi!

— Masakra! — przytaknęła Olga.

— Nawet nie zdążyłam się zastanowić, w którą stronę pójść, kiedy jakaś kobieta złapała mnie za ramię i pociągnęła za sobą. Nawijała bez przerwy po niemiecku, jakbym zrobiła coś nie tak! Powtarzała w kółko: *Böses Mädchen!*[20], więc na wszelki wypadek wolałam z nią nie dyskutować. Zatrzymała się przy grupce dziewczyn, które były ubrane w takie same sukienki jak ja. Od razu poznały, że nie jestem jedną z nich, ale dla nauczycielki nie było to takie oczywiste. Postanowiłam udawać, że jestem uczennicą z Breslau, która przyszła pod Halę ze swoją wychowawczynią. Oj, było jej gorąco! Miała rumieńce na policzkach i bez przerwy wachlowała się wachlarzem, co nie przeszkadzało jej w nieustannym kontrolowaniu klasy. Gdy tylko dziewczyny zaczynały głośniej rozmawiać, uciszała je przeciągłym syknięciem. Dyscyplinę to oni potrafili zachować, nie ma co mówić!

---

[20] Nieposłuszna dziewczyna!

– Hala wyglądała tak jak teraz?

– Właściwie tak, kształt zupełnie się nie zmienił. Tylko przed wejściem stały budki z napisem *Kasse*. I właśnie spod jednej z kas podeszła do nas druga nauczycielka. No i zaczął się cyrk, bo kupiła za mało biletów! Nie miały pojęcia, że to przeze mnie. Ale się wściekły! – Ada zachichotała na samo wspomnienie. – Pognały po brakujący bilet, a nam kazały przejść do cienia. Dzięki temu mogłam się w spokoju przyjrzeć plakatom na słupie ogłoszeniowym. Na każdym z nich widniała Hala z podpisem *Jahrhunderthalle*.

– Hala Stulecia – wtrącił Maks.

– Ktoś nam już o tym mówił, pamiętacie – przypomniał sobie Adam. – Hala powstała w 1913 roku na pamiątkę odezwy wzywającej do oporu przeciwko Napoleonowi Bonapartemu w roku 1813.

– Dajcie mi opowiedzieć! – upomniała się Ada. – Wreszcie bilety zostały kupione i ustawiłyśmy się w parach. Stanęłam na końcu, byłam pewna, że teraz wszystko się wyda. Przecież nauczycielki musiały wiedzieć, ile uczennic wyszło ze szkoły? Ale było tak gorąco, że zupełnie straciły pamięć.

– W naszych czasach od razu by to wykryły! – Leon się roześmiał.

– Mogłyśmy wejść do Hali, w której panował przyjemny chłód. Nauczycielki od razu odzyskały energię. Kazały nam skręcić w korytarz, wiecie, ten, którym można obejść budynek dookoła. Znajdowało się w nim mnóstwo eksponatów – na posadzce stały rzeźby i meble, a na ścianach wisiały mapy i obrazy. Podeszłam do mapy Europy. Polski na niej nie było.

– To przez zabory – szepnęłam.

– Owszem, znalazłam Warszawę i Kraków, ale w granicach Rosji i Austro-Węgier. Kurczę, nie miałam ojczyzny i to była moja rzeczywistość. Strasznie nieprzyjemne uczucie! Pomyślałam, że dla tamtych ludzi ten układ granic był zupełnie naturalny. Tak samo jak fakt, że znajdujemy się w niemieckim Breslau. Wyobraziłam sobie ich miny, gdybym nagle zaczęła tłumaczyć, jak potoczą się losy miasta!

– Nikt by ci nie uwierzył!

– Pewnie tak. Patrzyliby na mnie jak na wariatkę! – Ada się uśmiechnęła. – Nie miałam czasu na dalsze rozważania, bo nauczycielki trzymały tempo i pogoniły nas dalej. W dalszej części wystawy przygotowano kilka pomieszczeń, które chyba miały przedstawiać typowe śląskie mieszkanie. Przynajmniej tyle zrozumiałam z tabliczek informacyjnych. Wcale mnie te meble nie zaskoczyły, do dzisiaj można znaleźć podobne w wielu wrocławskich mieszkaniach. Dobrze znam ten styl. – Ada pokiwała głową.

– U mnie w domu stoi poniemiecki kredens! – wtrąciła Olga.

– Dopiero kiedy obejrzałyśmy całą wystawę, weszłyśmy na salę widowiskową. Po raz pierwszy z taką uwagą przyjrzałam się proporcjom budynku. Hala jest naprawdę ogromna, ale sprawia wrażenie lekkiej i bardzo zgrabnej. Była pełna słońca, bo promienie wpadały przez niewielkie okienka i odbijały się od betonowych ścian. Pierwszy raz to zauważyłam.

Nauczycielki znów zaczęły nas poganiać, żebyśmy zajęły miejsca na widowni. Ledwo usiadłyśmy, rozległy się pierwsze dźwięki potężnego instrumentu. W jednej chwili Halę wypełniła muzyka! Dotarło do mnie, że ta ogromna konstrukcja, która zajmowała niemal całą ścianę, to organy.

– Takie jak w kościele?

– Właśnie, tylko że o wiele większe. Kurczę, nie przepadam za muzyką poważną, ale to było nawet fajne. Dźwięki były potężne i uroczyste… Pasowały do tego wnętrza.

Jak tylko koncert się skończył, ruszyłyśmy dalej, ponaglane przez nauczycielki. Miałam nadzieję, że to koniec zwiedzania, ale przecież miałyśmy do zrealizowania PLAN!

– Nauczyciele nigdy nie rezygnują z założonego planu! – roześmialiśmy się.

– Weszłyśmy do tego budynku, który stoi po prawej stronie Hali. Teraz jest chyba w remoncie, przynajmniej tak mi się wydaje. Jednak w tamtych czasach wyglądał na nowy i bardzo okazały[21]. Na dachu miał szklane kopuły, a na dziedzińcu przed wejściem stała fontanna. Za to w środku była kolejna wystawa, którą koniecznie musiałyśmy obejrzeć!

– Jak wspaniale! – Olga się roześmiała. – Dobrze, że to nie byłam ja, nie cierpię chodzić do muzeów!

– Wam by się pewnie podobało. – Ada zwróciła się do chłopaków. – Wszystkie eksponaty były związane z wojskiem…

– Ekstra! – westchnął Adam.

– …jakieś mundury, szable i zbroje. Mapy, na których zaznaczono przebieg ważnych bitew. Na szczęście dziewcząt to nie interesowało i wreszcie poszłyśmy odpocząć do kawiarni.

– Naprzeciwko fontanny?

– W tym samym miejscu, choć w tamtych czasach nie było fontanny, a po sadzawce można było pływać łódką!

---

[21] Ada opowiada o Pawilonie Czterech Kopuł.

Kelner postawił przed każdą z nas szklankę z sokiem i dziewczyny zajęły się popijaniem. Były tak nienaturalne! Siedziały sztywno wyprostowane, żadnego luzu! A kiedy skończyły im się napoje, w radosnych podskokach pobiegły w stronę sadzawki. Musiałam do nich dołączyć, choć teraz dla odmiany zachowywały się jak małe dzieci – ciągnęła z niesmakiem Ada. – Piszczały i chlapały się wodą, jakby to była naprawdę superzabawa! A potem dobrały się w pary i statecznym krokiem ruszyły w kierunku pergoli. Powlokłam się za nimi, licząc na to, że będzie tam nieco chłodniej.

Chyba zaczęłam je irytować, bo odwracały się i patrzyły na mnie z coraz większą niechęcią, ale żadna nie zdobyła się na odwagę, żeby zapytać, skąd się wzięłam. Całe szczęście, że nie byłyśmy same – sporo osób szukało cienia pod pergolą i niebawem moje „koleżanki" zniknęły mi z oczu.

Było tam naprawdę pięknie – ludzie w eleganckich strojach, mnóstwo zieleni, wszystko do siebie pasowało. Żałowałam, że nie mam ze sobą aparatu fotograficznego, tak strasznie chciałam utrwalić to na zdjęciach!

Kiedy doszłam na drugi koniec pergoli, nagle zerwał się silny wiatr. Niebo błyskawicznie się zaciągnęło, słychać było pomruk szybko nadchodzącej burzy. Zaniepokojone nauczycielki nawoływały do powrotu na taras. Przyspieszyłam kroku, a wtedy wiatr cisnął mi piachem prosto w twarz. Nic nie widziałam, a kiedy oczy przestały mi łzawić, dostrzegłam, jak powietrze zaczyna falować. Widziałam nadciągający chłód i poczułam pierwsze krople deszczu. Nad moją głową przetoczył się grzmot, a ja miałam wrażenie, że to wszystko dzieje się w zwolnionym tempie... Wciąż widziałam Halę Stulecia, ludzi uciekających przed burzą. Słyszałam, jak szumią rozkołysane drzewa, a potem rozległ się trzask błyskawicy i cały świat przesłoniły strugi deszczu...

– Dokładnie tak samo jak na początku! – wyszeptałam.

– Zakręciło mi się w głowie tak gwałtownie, że aż musiałam przykucnąć, a kiedy ponownie otworzyłam oczy...

– Byłaś w przedsionku! – dokończył triumfalnie Adam.

– Czemu to nie byłam ja! – jęknęłam z nieukrywaną zazdrością.

– Mam coś jeszcze! – przypomniała sobie Ada i sięgnęła do kieszeni. – Trochę się pogniótł po drodze.

– Bilet na wystawę!

– *Jahrhunderthalle* – przeczytał Maks. – *25 Mai 1913.*

– *Jahrhundertausstellung* – literował dalej Leon – *Ausstellung* oznacza wystawę, *Jahrhunderthalle* to Hala Stulecia. Wszystko razem to wystawa w Hali Stulecia. – Ciekawe, czy będzie coś na ten temat w Internecie? – Wpisałam szybko hasło do wyszukiwarki. – Wystawa Stulecia prezentowała historię i dorobek kulturalny ziem śląskich – czytałam. – Są nawet zdjęcia.

– Właśnie tak tam było! Ja stałam tutaj. – Ada dotknęła palcem monitora. Szkoda, że nie mogę tam wrócić!

– Hola, hola! Daj szansę Natalii! – Leon wstawił się za mną.

Wszyscy spojrzeli na mnie ze współczuciem.

– Najbardziej żałuję tego, że nie możemy się przenieść wszyscy razem – powiedział Adam.

– Hugo też zawsze był sam – celnie zauważył Maks.

– Skoro już jesteśmy przy Hugonie… Leon, kiedy przeczytasz nam ostatni fragment?

– Już prawie skończyłem. – Uśmiechnął się lekko. – Miałem zamiar dzisiaj się tym zająć, ale musiałem przyjść tutaj. Naprawdę niewiele mi już zostało!

– Proszę cię, zrób to jak najszybciej! Nie mogę się doczekać, żeby się dowiedzieć, jak kończy się pamiętnik!

– Będziecie wielce zaskoczeni – powiedział tajemniczo. – To chyba najlepszy wpis!

– Teraz to już na pewno będziemy cierpliwie czekać – odezwała się Olga z pretensją w głosie.

– Słuchajcie, jeszcze kilka dni i tłumaczenie będzie gotowe – obiecał Leon.

– Trzymamy cię za słowo!

Przez cały kolejny tydzień Ada nie pojawiała się w szkole, bo była chora. Musiała naprawdę solidnie przemarznąć. Nastały dla Adama trudne dni, bo wyjątkowo musiał o wszystkim pamiętać. Spóźniał się niemal codziennie, przynosił niewłaściwe podręczniki i zapominał o zadaniach domowych. Codziennie rozmawiałam z Adą przez telefon. Kiedy wróciła do szkoły, widziałyśmy się tylko przez trzy dni, bo już w czwartek zaczynały się ferie wielkanocne.

Próbowałam umówić się na spotkanie przed świętami, ale okazało się, że to absolutnie niemożliwe.

– Natalia, zapomnij! – Adam bezradnie rozłożył ręce. – Będę piekł z babcią serniki!

— Ja wyjeżdżam do rodziny — westchnęła ciężko Olga. — Możecie sobie wyobrazić, jak wielką mam ochotę jechać na drugi koniec Polski!

— W takim razie spotkamy się dopiero po świętach. — Byłam naprawdę rozczarowana. — Tak strasznie chciałabym się dowiedzieć, jak kończy się pamiętnik!

— Może to i dobrze? — niepewnie wyznał Leon. — Nie miałem kiedy popracować nad tłumaczeniem.

— Naprawdę? — Spojrzałam na niego z niedowierzaniem. — Myślałam, że bardziej ci na tym zależy.

Niby nic się nie stało, a jednak było mi przykro.

— Bardzo mi zależy, ale potrzebuję więcej czasu.

Co gorsza, nawet ze mną nie chciał się umówić. Wiedziałam, że zostaje na święta we Wrocławiu, ale nawet do mnie nie zadzwonił! Najpierw niecierpliwie czekałam, a potem się na niego wkurzyłam. Nie to nie. Jestem już dużą dziewczynką i mogę sobie sama zorganizować czas.

Odezwał się dopiero w lany poniedziałek po południu. Telefon dzwonił i dzwonił, a ja go ignorowałam. W końcu postanowiłam się zlitować.

— Co się stało, że przypomniałeś sobie o swojej dziewczynie? — powiedziałam z przekąsem.

– Wiedziałem, że ci zależy na tłumaczeniu – wyjaśnił krótko. – Postanowiłem, że umówię się z tobą dopiero wtedy, jak skończę.

– Mogłeś mnie uprzedzić. Brakowało mi ciebie – powiedziałam cicho.

– A jutro znajdziesz dla mnie czas? Chciałbym pójść z tobą do kina.

– Jasne! – zgodziłam się od razu. – Ale na popołudnie, zgoda? Muszę…

– Musisz się przygotować – przerwał mi ze śmiechem. – Przyjdę po ciebie o czternastej.

No i co mam powiedzieć? Leon naprawdę jest najlepszym chłopakiem na świecie! Czekał na mnie z żelkami ułożonymi w bukiet, a potem poszliśmy na taki film, na który ja miałam ochotę. Po seansie spacerowaliśmy jeszcze po wałach nad Odrą i zatrzymaliśmy się na dłużej przy śluzie. Patrzyliśmy, jak masy wody z hukiem przelewają się pod naszymi nogami. Prawdę mówiąc, nie wiem, ile czasu spędziliśmy w tym miejscu… Bo właśnie wtedy Leon po raz pierwszy mnie pocałował.

Trzymał mnie mocno w ramionach, a ja schowałam ręce do kieszeni jego kurtki, bo trochę mi zmarzły. To było cudowne być tak blisko i mieć go tylko dla siebie.

Mój pierwszy pocałunek.

Nasz pierwszy pocałunek.

Wiedziałam, że od dawna miał na to ochotę, zresztą przyznał się później, że trochę się obawiał.

Nigdy dotąd z nikim się nie całował.

Jakbym w ogóle mogła cokolwiek analizować!

Przecież był moim chłopakiem!

Musiało być dobrze.

Następnego dnia uśmiechnęłam się szeroko na jego widok. Czekał na mnie przed domem i razem poszliśmy do szkoły, gdzie Olga podzieliła się z nami elektryzującą informacją:

– Wczoraj dostałam bardzo dziwnego mejla z Niemiec! To nawet nie był list! Po prostu ktoś wysłał pustą wiadomość podpisaną przez Hugona Harnischa.

– Jak to? Bez treści?

– Żadnej treści. Jakby nadawca nie wiedział, co napisać. Chwilę później przyszedł kolejny, dokładnie taki sam. Wysłany spod tego samego adresu. W sumie dostałam ich pięć.

– Nie było przy nich żadnych załączników? Może to jakiś wirus? – zaniepokoił się Leon.

– A może po prostu Hugo nie radzi sobie z pocztą elektroniczną? – powiedziała z namysłem Ada.

– Daj spokój, przecież to nie jest takie trudne!

– Zapominacie o tym, ile on ma lat! Może wcale nie korzysta z komputera?

– Oby to nie był fałszywy trop! – westchnęłam.

Jednak od tego dnia listy bez treści przychodziły niemal każdego dnia i zapychały skrzynkę mejlową. Najbardziej przejmował się tym Leon – niemal codziennie przychodziliśmy do Olgi, żeby sprawdzić, czy w mejlach nie ma jakiegoś wirusa. Byłam tym znudzona – taka piękna pogoda, a mój chłopak wolał spędzać długie godziny przy komputerze, zamiast zająć się mną. Dopiero po kilku dniach wpadłam na doskonały pomysł.

– Nie możemy tak po prostu napisać do niego mejla? – zapytałam od niechcenia.

– Natalia, jesteś genialna! – podchwyciła Olga. Chyba też miała już dosyć braku dostępu do swojego własnego komputera.

– Jeśli uważacie, że to coś da... – zgodził się Leon.

Napisałyśmy kilka zdań i przetłumaczyłyśmy je na niemiecki:

*Dzień dobry,
od kilku dni ktoś wysyła do nas e-maile bez treści spod tego adresu, podpisane imieniem i nazwiskiem Hugo-*

*na Harnischa. Nadal poszukujemy Niemca, który w 1945 roku razem z mamą i młodszą siostrą Hannah mieszkał we Wrocławiu. Nie wiemy, co się z nim stało, prawdopodobnie wyjechał z rodziną do Niemiec. Jeśli jest Pan osobą, której szukamy, prosimy o napisanie do nas kilku słów.*

*Pozdrawiamy,*
*Ada, Olga, Natalia, Leon, Maks i Adam*
*Uczniowie Gimnazjum numer 13 we Wrocławiu*

Wysłałam mejla i zamknęłam skrzynkę.

– Idziemy, Leon! – zadecydowałam. – Już dość czasu straciłam, czekając tu na ciebie!

Olga z westchnieniem ulgi zamknęła za nami drzwi, a my okrężną drogą przez park i wały nad Odrą wróciliśmy pod mój dom. Nie jestem nawet w stanie policzyć, ile razy się zatrzymywaliśmy po to, żeby się całować. To było o wiele lepsze niż obserwowanie zgarbionych pleców Leona pochylonego nad komputerem.

Szkoda tylko, że nadawca tajemniczych mejli w ogóle przestał się odzywać! Mimo że Olga codziennie sprawdzała pocztę, nigdy więcej nie otrzymała wiadomości od żadnego Hugona.

Niedługo potem germanistka wytypowała nas do konkursu z języka niemieckiego.

– Zrobiliście ogromne postępy, powinniście spróbować! – powiedziała bardzo podekscytowana.

– My? Na konkurs? – Patrzyliśmy na nią z niedowierzaniem.

– Nagrody są bardzo fajne!

– My naprawdę niewiele umiemy – przekonywaliśmy.

– Tak czy inaczej, możecie spróbować. – Zupełnie nas nie słuchała. – Tu macie zestawy konkursowe z ubiegłych lat. Spróbujcie je samodzielnie rozwiązać.

– Niech będzie! – Maks machnął ręką i wziął od niej plik kartek.

– Podzielcie się po równo, żeby każdy miał szansę! – powiedziała na odchodnym germanistka. – Przynieście mi wypełnione testy w poniedziałek. Zobaczymy, z czym mieliście największe problemy.

– Jeśli uda nam się zrozumieć polecenia, to już będzie cud! – odezwała się z przekąsem Olga.

– Wiedziałam, że prędzej czy później będą chcieli wykorzystać naszą wiedzę – dodała Ada ponuro.

– A ja się cieszę, że się tyle nauczyłam przez ten rok!

– I kto to mówi? Przez całą podstawówkę twierdziłaś, że nie znosisz niemieckiego! – zwrócił się do mnie Adam.

– Teraz znów sobie przypomnisz, jak bardzo go nienawidzisz! – powiedział złowieszczo Maks i rozdał nam testy.

– Strasznie tego dużo! – dramatyzowała jak zwykle Olga. – Nie zdążę wszystkiego rozwiązać! Nawet przez weekend!

No cóż. Ja tak właśnie zrobiłam. Poświęciłam dwa dni na przygotowania. Dopiero w niedzielę po południu Leon wyciągnął mnie z domu, żebym się trochę przewietrzyła. To był dobry pomysł, bo miałam wrażenie, że eksploduję od tych wszystkich słówek, rodzajników i zawiłości gramatycznych.

Co gorsza, w szkole też mieliśmy sporo pracy. Gdy tylko napisaliśmy test z niemieckiego, musieliśmy zająć się innymi przedmiotami. Niemal codziennie mieliśmy jakieś sprawdziany, kartkówki, wypracowania i zadania domowe. Byliśmy tak zajęci, że zupełnie zapomnieliśmy o tym, żeby zainteresować się wynikami konkursu.

Za to nasza germanistka pamiętała. Któregoś dnia wtargnęła na lekcję polskiego i bezceremonialnie przerwała polonistce w pół zdania.

– Przeszliście do kolejnego etapu! – zawołała zachwycona. – Wszyscy oprócz Olgi i Adama.

Ups!

Zupełnie się tego nie spodziewaliśmy. Może poza Olgą?

– Zabieram ich ze sobą – powiedziała nauczycielka bez wahania i zrobiła zachęcający gest. – Szybciutko, zabierzcie swoje rzeczy! Macie mnóstwo pracy!

Zaprowadziła nas do swojego gabinetu, gdzie wręczyła nam kolejną porcję testów, tekstów i zeszytów ćwiczeń.

– Niestety, nie mogę wam poświęcić więcej uwagi, muszę prowadzić inne lekcje. Mam jednak nadzieję, że przyłożycie się tak samo jak do poprzedniego etapu. Macie niewiele czasu, więc zabierajcie się od razu do roboty!

Byliśmy nieco oszołomieni, ale germanistka poszła, zanim zdążyliśmy o cokolwiek zapytać.

– Musimy znaleźć jakieś spokojne miejsce do nauki.

– Może pójdziemy do biblioteki? – zaproponowała Ada.

– Świetny pomysł!

Zajęliśmy miejsca w czytelni, a Maks i Leon zsunęli razem dwa stoliki, co nie spodobało się pani bibliotekarce.

– Moi drodzy, już za chwilę zaczną się tutaj zajęcia dla seniorów – powiedziała, patrząc na nas chłodno. – Obawiam się, że będziecie im przeszkadzać.

Spojrzeliśmy na siebie bezradnie.

– Co robimy?

– Idziemy do przedsionka! – zadecydował Maks.

– Że też od razu o tym nie pomyśleliśmy! – roześmiałam się. – Przedsionek to najbardziej odpowiednie miejsce do nauki niemieckiego!

Po drodze kupiliśmy hot dogi, jakieś batoniki i kawę na wynos. Właściwie rzadko piję kawę, ale teraz byłam tak skołowana, że potrzebowałam czegoś, co przywróci mi jasność myślenia.

Zabraliśmy się do pracy. Słychać było tylko szelest przewracanych kartek i skrzypienie ołówków przesuwanych po papierze. Od czasu do czasu rzucałam badawcze spojrzenie na kufer, wieko wciąż było na swoim miejscu. Promienie słońca wpadały przez szybki i odbijały się od posadzki. To był naprawdę magiczny czas, kiedy siedzieliśmy w tym cichym i spokojnym miejscu, otoczeni atmosferą przedwojennego Wrocławia.

Kiedy w końcu rozeszliśmy się do domów, po raz pierwszy w życiu zdarzyło mi się myśleć po niemiecku. Zdania układały się z całkowitą łatwością, cóż z tego, że nie zawsze miały sens albo nie były poprawne gramatycznie? Wieczorem długo nie mogłam zasnąć, a w środku nocy obudził mnie mój własny głos – powtarzałam niemieckie słówka.

Można chyba przyjąć, że byłam do konkursu dobrze przygotowana.

Niestety, kolejny etap był o wiele trudniejszy i kiedy wreszcie wyszliśmy ze szkoły, byliśmy zupełnie wypompowani. Nie chciało nam się gadać ani zastanawiać nad tym, czy odpowiedzieliśmy właściwie na pytania. Ten temat zarezerwowaliśmy dla germanistki, na pewno wyciągnie z nas wszelkie szczegóły.

Miałam nadzieję, że pójdziemy do przedsionka, ale Leon poprosił, żebym się z nim wybrała do centrum handlowego. Koniecznie musiał kupić sobie spodnie.

Zgodziłam się z ociąganiem, choć byłam nieco zestresowana nową rolą. Nigdy dotąd nikomu nie doradzałam przy zakupach. Co prawda Olga chętnie brała mnie ze sobą, ale najlepiej wiedziała, w czym jej dobrze, a ja najczęściej robiłam zakupy z mamą. Leon nie miał żadnej koncepcji. Zaniósł do przymierzalni wszystkie możliwe modele i mierzył je po kolei, za każdym razem prosząc mnie o opinię.

– W tych będzie dobrze? – odsunął zasłonkę i stanął przede mną w dżinsach, których nie był w stanie dopiąć, za to na udach materiał marszczył się i wydymał jak balon.

– A tobie jak się wydaje? – Parsknęłam śmiechem.

– Chyba nie bardzo, przymierzę następne.

Po chwili wyłonił się w kolejnej parze, nogawki kończyły się tuż nad kostką.

– Leon, ja cię bardzo proszę!

– Może te? – powiedział zachęcająco, prezentując się w jaskrawopomarańczowych ogrodniczkach.

– Będą świetnie pasować do mundurka! – Płakałam ze śmiechu.

– Mówisz? – zawahał się.

– Może jednak znajdziesz coś w uniwersalnym kolorze?

– W takim razie zostanę przy tych. – Po raz ostatni zniknął w przymierzalni.

Tym razem pokazał mi się w dobrze dopasowanych dżinsach. Wyglądał w nich naprawdę dobrze.

– Tak trzymaj! – Uśmiechnęłam się do niego, a Leon niespodziewanie nachylił się i pocałował mnie w nos.

– Nie wiedziałem, że zwykłe zakupy mogą być taką przyjemnością.

– Musisz zawsze brać mnie ze sobą. – Uśmiechnęłam się zachęcająco.

– Nie ma sprawy! W przyszłym tygodniu wybierzemy się po buty!

Po zakupach poszliśmy jeszcze na lody. Leon nie przepadał za słodyczami, więc w sumie dobrze się stało, bo pomogłam mu zjeść jego porcję. Dopiero kiedy wyszliśmy na zewnątrz, poczułam, jak bardzo jestem zmęczona. Byłam przytłoczona ogromną ilością wiedzy, którą próbowałam przyswoić w zbyt krótkim czasie.

Nawet w nocy nie mogłam z tego powodu spać. Słyszałam, jak bije zegar na wieży kościoła. Co pół godziny obwieszczał, że robi się coraz później, a to jeszcze bardziej mnie rozbudzało. Udało mi się zasnąć dopiero po północy. Niestety, mój budzik zadzwonił jak zawsze przed siódmą rano. Byłam nieprzytomna. Najlepiej byłoby, gdybym mogła zostać w domu, ale mama niechętnie zwalniała mnie z lekcji.

– Skoro i tak już wstałaś? Niedługo koniec roku szkolnego – przypomniała. – Szkoda, żebyś przez nieobecności pogorszyła sobie oceny na świadectwie.

– Tylko te oceny i oceny! – jęknęłam. – Naprawdę nikogo nie obchodzi moje samopoczucie?

– Mnie to obchodzi. Podobnie jak twoje obowiązki – powiedziała ze spokojem.

– Zawsze mówisz to samo! – Wyszłam z domu, głośno trzaskając drzwiami.

Gimnazjum to nie podstawówka. Nie da się być ze wszystkiego najlepszym. Za dużo mieliśmy nauki i zbyt wiele nowych przedmiotów. Zamiast docenić, że uczę się tego, co mnie naprawdę interesuje, mama nieustannie podnosiła mi poprzeczkę.

Nie byłam przygotowana do ani jednej lekcji, nie wiedziałam nawet, czy mieliśmy coś zadane. Czułam się tak zmęczona, że nie zdziwiło mnie nawet, iż Leon na mnie nie czeka. Pomyślałam, że dobrze się stało, nie chciałam się na nim wyżywać.

Dopiero przed szkołą zauważyłam, że zapomniałam wziąć komórkę. Trudno. Było mi wszystko jedno. Najwyżej Leon trochę się zdenerwuje. Mógł po mnie przyjść, nie byłoby problemu – pomyślałam złośliwie.

Zanim weszłam, przypomniałam sobie, że mieliśmy oddać germanistce książki i inne materiały. Wczoraj o tym zapomnieliśmy, pewnie nadal leżały w przedsionku.

– I co jeszcze? – Z niechęcią grzebałam w plecaku w poszukiwaniu klucza, a po chwili weszłam do środka.

Nie posprzątaliśmy po sobie.

– Od razu widać, że Olgi tu nie było – wymruczałam.

Na posadzce widniała zaschnięta plama kawy, obok walały się papierowe kubki i brudne serwetki. Po raz kolejny się zdenerwowałam.

– Już ja ich zmuszę, żeby doprowadzić przedsionek do porządku! – wysyczałam wściekle i usiadłam na schodach. Notatki i podręczniki były porozkładane na każdym stopniu. Z książkami nie było problemu, ułożyłam je w równy stos, gorsza sprawa to notatki na pojedynczych kartkach. Wymieszały się z naszymi kserówkami, brudnopisami i zapiskami. Nie pomyśleliśmy o tym, żeby segregować je na bieżąco.

– Cholerny kopciuszek! – powiedziałam z żalem i zabrałam się do pracy.

Z uporem maniaka próbowałam zaprowadzić porządek w tym chaosie. Gdzie tylko spojrzałam, widziałam sterty papierów, które trzeba było posegregować. Leżały pomiędzy przedwojennymi podręcznikami, które służyły nam za podkładki, i pod kocami, na których siedzieliśmy.

Zerknęłam na zegarek i rozejrzałam się bezradnie. Do dzwonka zostały tylko trzy minuty. Nie byłam w stanie posortować tych materiałów, potrzebna mi była pomoc. Teraz musiałam już iść do szkoły, choć pewnie i tak się spóźnię. Odłożyłam plik kartek i sięgnęłam po plecak. Nagle, zupełnie nieoczekiwanie, zaplątałam się w koc. Nie mam pojęcia, jak to się stało, ale chwilę później leżałam już na zimnej posadzce, przygnieciona grubym i ciężkim materiałem. Było mi źle. Dopadło mnie zmęczenie, niewyspanie i żal do mamy, że nie pozwoliła mi zostać. W dodatku zaczęło mi się kręcić w głowie.

– O nie! – Pojawił się nowy, zaskakujący dźwięk.

Przeciągłe skrzypnięcie zardzewiałych zawiasów. Zerknęłam w stronę kufra. Wieko powoli, lecz nieubłaganie podnosiło się do góry. Zupełnie zapomniałam o tym, że powinnam go pilnować!

Teraz było już za późno, bo świat zaczął wirować. Przykryłam głowę kocem i mocno zacisnęłam powieki. Kamienny stopień boleśnie wbijał mi się w ramię, ale to akurat było pozytywne, wiedziałam, że wciąż jestem w przedsionku. Gdzieś daleko zaczęło grzmieć, słyszałam groźne pomruki. Chyba nadciągała burza.

Dotarły do moich uszu jakieś dziwne dźwięki. Najpiew niski, jednostajny szum silników samolotowych. Po chwili, dziwny, niepokojący gwizd, a potem głośny huk.

Co to było?

Skuliłam się.

Nagle zrobiło się zupełnie cicho. Ktoś z całej siły ciągnął mnie za ramię. Usiadłam powoli, podpierając się rękami.

– *Alles in Ordnung?*²² – ktoś zapytał z niepokojem w głosie.

Wzięłam głęboki wdech i pokiwałam głową. W powietrzu unosił się jakiś pył albo kurz, który wciskał się do mojego nosa i gardła.

– *Ja. In Ordnung*²³ – odpowiedziałam po chwili z taką pewnością, jakbym na co dzień mówiła po niemiecku.

Ostrożnie otworzyłam oczy. Pochylał się nade mną nieznajomy mężczyzna z zatroskanym wyrazem twarzy. Wyciągnął z kieszeni chusteczkę do nosa i wcisnął mi ją w dłoń.

– *Atme, bitte, durch das Taschentuch*²⁴ – poradził życzliwie.

– *Danke* – podziękowałam.

Chciałam zadać nieznajomemu kilka pytań, jednak zanim się do tego zabrałam, mężczyzna dosłownie rozpłynął się we mgle. W powietrzu unosiła się gęsta zawiesina, przez którą z trudem przebijało się słońce. Spojrzałam na moje ubranie. Koc, w który byłam owinięta, pokrywała gruba warstwa pyłu. Moja twarz, ręce i włosy, wszystko pokryte było szarym proszkiem. Co to takiego?

---

[22] Wszystko w porządku?
[23] Tak. W porządku.
[24] Oddychaj przez chusteczkę.

Coś było nie tak. Gdziekolwiek spojrzałam, widziałam tylko zbombardowane kamienice, a pomiędzy nimi poniszczone meble. Kikuty ścian ostro sterczały w niebo, a pomiędzy nimi wciąż można było dostrzec kolorowy tynk. Miasto było kompletnie zniszczone.

Wtedy moją uwagę przyciągnęło coś, co w pierwszej chwili wzięłam za porzucony tobołek. Dopiero kiedy zauważyłam kałużę krwi, przyjrzałam się dokładniej. Tam leżal nieżywy człowiek.

Nieopodal kolejny i jeszcze jeden...

Zrobiło mi się słabo. Otuliłam się ciaśniej kocem i oparłam o fragment muru. Siedziałam na stopniu, który nie tak dawno służył za próg przed wejściem do kamienicy. Niewiele z niej zostało. Głęboki dół i pozostałości poszarpanych ścian. Powoli docierała do mnie okrutna prawda. Kufer przeniósł mnie w sam środek wojny. A ja nie miałam bladego pojęcia o tym, jak powinnam się zachowywać, żeby przeżyć.

Z każdą chwilą powietrze stawało się coraz bardziej przejrzyste. Nie wiadomo skąd na ulicy zaczęli pojawiać się ludzie. Jak zjawy wynurzali się spod gruzów, opuszczali tymczasowe kryjówki. Otrzepywali zakurzone ubrania i zaczynali się przedzierać przez zbombardowane ulice. Jakby nic się nie stało!

Jakaś kobieta niosła ciężką torbę. Ostrożnie stawiała nogi, starając się omijać przeszkody. Inna pospiesznie przeskoczyła przez zwalone ściany, po czym zniknęła w bramie zupełnie nienaruszonego budynku. Pojawił się też chłopak, który jedną ręką prowadził rower. Pogwizdywał cicho, a kiedy mnie zauważył, uśmiechnął się szeroko. Z wrażenia poprawiłam sobie włosy, ale całkiem zapomniałam o tym, że mnóstwo w nich kurzu. Tylko zaprószyłam oczy, czym raczej nie zrobiłam na nim wrażenia.

Ten chłopak był wyjątkowy, bo większość przechodniów poruszała się pospiesznie, nie zwracając uwagi na otoczenie. Tylko od czasu do czasu z niepokojem spoglądali w niebo.

Bali się nalotów.

Tak samo jak ja.

Wtedy poczułam, że nie mogę dłużej siedzieć w tym miejscu. Coś przynaglało mnie do odejścia. Tu nie było bezpiecznie, a zginąć mogłam wszędzie.

Ostrożnie i powoli podniosłam się i stanęłam na chodniku.

Szłam przed siebie, nie dowierzając temu, co widziałam. Wszystko było doszczętnie zniszczone. Wszędzie tylko zwalone ściany, potłuczone dachówki, roztrzaskane cegły. Pomiędzy nimi strzępy dawnego życia – jakieś meble, spalone firanki, skorupy talerzy i filiżanek. Rozbite lustra i zniszczone obrazy, nadpalone książki. Ten widok był przerażający. Trudno było omijać obojętnie fragmenty czyjegoś życia, a zdawało się, że mieszkańcy Breslau już dawno się do tego przyzwyczaili. Jakby byli całkowicie pozbawieni uczuć.

Musiałam stać się taka jak oni. Nie zauważać, nie analizować, nie poddawać się panice. Najgorsze było to, że nie miałam pojęcia, gdzie jestem. Wypatrywałam charakterystycznych punktów. Niestety. Wszystko zostało zniszczone.

Nagle zauważyłam przed sobą pewien budynek, aż przyspieszyłam kroku. Im byłam bliżej, tym bardziej byłam pewna. Hala Targowa ocalała! Wzruszyłam się do łez.

Hala to jedno z moich ulubionych miejsc, może dlatego, że kojarzy mi się z dzieciństwem? Od kiedy pamiętam, moi rodzice kupują tam owoce i warzywa. Kiedy byłam młodsza, naciągałam ich na słodycze sprowadzane z Niemiec, zwłaszcza na czekoladki w kształcie autek. Do dzisiaj mojemu tacie zdarza się je kupić, wciąż pamięta, jak bardzo je lubiłam.

Zatrzymałam się przed wejściem. Płaskorzeźba była cała. Po lewej stronie od wejścia wykute w kamieniu przekupki siedziały na niskich stołeczkach pod ogromnym parasolem. Obok nich stały kosze wypełnione warzywami.

    Kiedy byłam dzieckiem, sądziłam, że handlarki uśmiechają się do mnie. Ale tym razem bezskutecznie szukałam radości na ich kamiennych twarzach. Trwały na posterunku i jak inni próbowały ocaleć. Przez połamane drzwi zajrzałam do środka budynku.

    Niestety. Hala tak naprawdę nie istniała. Ocalały tylko ściany. Dach był roztrzaskany, a gruba warstwa pogruchotanych dachówek pokrywała zniszczone stoiska. Nic w tym mieście nie wyglądało tak, jak powinno. Nie miałam tu czego szukać.

    Zastanawiałam się, po co w ogóle zostałam przeniesiona? Żeby zobaczyć śmierć na ulicach? To nie miało żadnego sensu, a jeszcze narażałam swoje życie. Błąkałam się bez celu. Zrezygnowana poszłam w stronę rzeki, miałam nadzieję, że choć Odra będzie wyglądać tak samo. Widok płynącej wody zawsze działał na mnie uspokajająco. Tęsknym wzrokiem popatrzyłam na park. To tam całowałam się z Leonem po raz ostatni. Gdzie on był teraz?

    Woda w rzece była brudna i spieniona, niosła ze sobą mnóstwo połamanych drzew i zniszczonych przedmiotów. Na brzegu zauważyłam topielca i znów zrobiło mi się niedobrze. Nie wiem, ile czasu musiałoby minąć, żebym przyzwyczaiła się do widoku trupów. Jak można do tego przywyknąć? Wydało mi się to niemożliwe.

O dziwo, most Piaskowy nie był zrujnowany i mogłam przejść na drugą stronę. Kawałek dalej ulica była zatarasowana. Wóz tramwajowy leżał przewrócony, z jego wnętrza wciąż unosił się dym. Śmierdziało spaloną gumą. W kabinie motorniczego zauważyłam zakrwawione ciało... Przestałam się rozglądać. Wreszcie do mnie dotarło, dlaczego ludzie woleli niczego nie zauważać. Zbyt wiele było tu śmierci, a tragedie zdarzały się co krok. Wbiłam wzrok w chodnik i tak udało mi się dojść aż do kościoła Najświętszej Marii Panny na Piasku. Kolejne miejsce, z którym wiązało się tyle wspomnień! Każdego roku podczas Bożego Narodzenia przychodziłam tu z rodzicami oglądać ruchomą szopkę. Przypomniałam sobie, z jakim przejęciem wrzucałam monety do skarbonki, i swoją radość, kiedy gipsowy aniołek dziękował mi za datek, lekko kiwając główką.

– Jeśli uda mi się wrócić... – obiecałam sobie i mocno zacisnęłam pięści. – Jeśli wrócę do moich czasów, na pewno tu przyjdę.

W tej samej chwili rozległ się ostry, przeciągły dźwięk syren, a po chwili usłyszałam niepokojące buczenie samolotów. Przestałam słyszeć własne myśli. Zdążyłam się jeszcze przeżegnać, kiedy jakiś człowiek pociągnął mnie za sobą. Zbiegliśmy do piwnicy najbliższego budynku. Chwilę później zaczęły spadać bomby. Zatkałam uszy. Huk nieznośnie wwiercał się w mózg. Skuliłam się na podłodze i błagałam tylko o jedno. Żeby nikomu nic się nie stało.

W piwnicy było mnóstwo ludzi. Ktoś głośno zawodził, jakieś przerażone dziecko wrzeszczało bez przerwy. Inni modlili się, robiąc znak krzyża za każdym razem, kiedy następował wybuch. Tynk opadał z wibrujących ścian, budynek drżał po same fundamenty.

Nalot zakończył się równie niespodziewanie, jak się zaczął, i zapadła głucha cisza. Byłam otumaniona. Wciąż nie mogłam uwierzyć w to, że przeżyłam.

Wtedy zauważyłam dziewczynkę, która siedziała tuż obok mnie. Mogła mieć siedem, może osiem lat. Cała się trzęsła, a mnie było strasznie gorąco pod grubym kocem. Zdjęłam go z ramion i szczelnie ją otuliłam. Patrzyła z niedowierzaniem, jakby nie mogła zrozumieć, dlaczego to robię.

– *Das ist für dich*[25] – powiedziałam i uśmiechnęłam się.

W tym samym momencie huknęło tak blisko, że na chwilę serce przestało mi bić. Bardziej wyczu-

---

[25] To jest dla ciebie.

łam, niż zobaczyłam niebezpieczeństwo. Ściany budynku zaczęły się osuwać. Pękały z głuchym łoskotem pod naporem spadającego sufitu. Instynktownie złapałam dziewczynkę za rękę i pociągnęłam ją za sobą.

Nie wiem, jak długo leżałyśmy nieprzytomne. Kiedy się ocknęłam, wpatrywała się we mnie szeroko otwartymi oczami.

– Żyjesz? – zapytałam, a ona ze strachem odsunęła się ode mnie.

Zapomniałam, w jakim języku powinnam mówić.

– *Du lebs also?*[26] – zapytałam jeszcze raz i tym razem kiwnęła twierdząco głową.

– *Mein Name is Natalia. Wie ist dein Name?*[27].

– *Edeltraut.* – Spojrzała na mnie i uśmiechnęła się nieśmiało.

Miałyśmy niewiarygodne szczęście. Budynek zawalił się w sposób, który zapewnił nam bezpieczne schronienie. Jedna ze ścian oparła się o dwa potężne filary, a my znalazłyśmy się dokładnie pod nimi. Tylko nam się udało przeżyć. Pozostali ludzie zostali na zawsze pogrzebani pod gruzami.

Byłam przekonana, że nadal nie jesteśmy bezpieczne, budynek w każdej chwili mógł się całko-

---

[26] Ty też żyjesz?
[27] Mam na imię Natalia. Jak ty się nazywasz?

wicie zawalić. Nasze schronienie było pułapką, nie byłyśmy w stanie wydostać się spomiędzy zwalonych ścian. A jednak ktoś nad nami czuwał, bo zauważyłam wąską szczelinę, przez którą widać było skrawek nieba. Szkoda, że tak wysoko! Nie dałyśmy rady do niej dosięgnąć.

Musiałyśmy wezwać pomoc.

– *Hilfe!* – krzyknęłam z całej siły, a Edeltraut zaraz do mnie dołączyła.

Wrzeszczałyśmy z całych sił, a kiedy zaschło mi w gardle, przypomniałam sobie o żelkach. Jakie szczęście, że zawsze noszę je ze sobą!

Poczęstowałam Edeltraut i znów zaczęłyśmy wołać, w końcu w szczelinie pojawiła się czyjaś twarz.

Byłyśmy uratowane, ktoś usłyszał nasze wołanie!

Teraz musiałyśmy tylko spokojnie czekać z nadzieją, że uda się nas uwolnić.

Coraz to nowe twarze pojawiały się ponad naszymi głowami. Zadawano nam mnóstwo pytań, na które Edeltraut odpowiadała głośno i wyraźnie. Mężczyźni naradzali się, zastanawiali, jak się do nas dostać. Ryzyko, że ściany ponownie się obsuną, było ogromne. Sama zdawałam sobie z tego sprawę.

Przez cały ten czas rozmawiałam z Edeltraut. Ciągle powtarzała, że mama na pewno się o nią martwi! Odruchowo sięgnęłam do kieszeni po komórkę, tyle że nawet gdybym miała ją przy sobie, i tak by nie działała.

Otwór ponad naszymi głowami zaczął się powiększać, wreszcie ktoś rzucił grubą linę i przykazał mocno się nią obwiązać.

– *Du gehst vor*[28] – powiedziałam i pomogłam Edeltraut. Potem spojrzałam jej głęboko w oczy. – *Ich wünsche dir alles Gute*[29]. – I dałam sygnał, że mogą ją wyciągnąć.

Złapały ją czyjeś silne ręce, a po chwili Edeltraut zniknęła mi z oczu. Nadeszła moja kolej na wydostanie się z pułapki. Chwyciłam końcówkę liny i chciałam się nią przewiązać w pasie, kiedy zakręciło mi się w głowie. Tak mocno, że oparłam się o ścianę.

– *Vorsichtig!*[30] – ktoś zawołał, ale było już za późno.

Usłyszałam suchy trzask. Tynk zaczął mi się sypać na głowę. „To już koniec" – pomyślałam i zacisnęłam powieki. Niewidzialna siła ciągnęła mnie coraz mocniej i mocniej. Nie byłam w stanie jej się przeciwstawić. Wirowałam w pustej przestrzeni, wreszcie poczułam twardy grunt pod nogami. Bałam się otworzyć oczy. Byłam pewna, że zostałam uwięziona w Breslau na zawsze.

---

[28] Ty pójdziesz pierwsza.
[29] Życzę ci wszystkiego dobrego.
[30] Ostrożnie!

Coś gniotło mnie w ramię. Czułam chłód od posadzki. Przez zmrużone oczy przyglądałam się otoczeniu. Wróciłam do przedsionka. Zostałam uratowana.

Byłam tak wyczerpana, że nie miałam siły wstać. Rozpłakałam się. Bolało mnie całe ciało, a ręce miałam otarte do krwi. Moje ubranie wciąż było pokryte pyłem ze zrujnowanego Breslau. Wstrząsały mną dreszcze, nad którymi nie potrafiłam zapanować. Leżałam na zimnej posadzce, rozmyślając nad tym, co mi się przydarzyło. Doskonale zdawałam sobie sprawę z tego, że Niemcy ponosili całą odpowiedzialność za drugą wojnę światową. To oni ją wywołali i wciągnęli do walki niemal wszystkie kraje Europy, a na koniec jeszcze Stany Zjednoczone. Dokonali tak wiele zła, że nadal jest to przerażające. W bestialski sposób próbowali zmieść z powierzchni ziemi całe narody, nie mieli żadnych skrupułów ani zahamowań. Zginęło przez nich mnóstwo ludzi, żołnierzy i cywilów, niewinnych dzieci…

Powinnam czuć niechęć do Niemców z Breslau. Oni również byli winni.

A jednak nie potrafiłam znienawidzić Edeltraut. Współczułam jej z całego serca. Była tylko dzieckiem żyjącym w wojennym świecie. Każdego dnia ponosiła konsekwencje konfliktu wywołanego przez dorosłych. Na czym polegała jej wina?

Z zadumy wyrwał mnie odgłos otwieranych drzwi. Leon wszedł do środka i od razu ukląkł przy mnie.

– Skąd wiedziałeś? – zapytałam i otarłam mokre policzki.

– Nie mogłem się do ciebie dodzwonić. – Przytulił mnie z całej siły. – Domyśliłem się, że tu cię znajdę.

– Byłam w Breslau. – Wzięłam głęboki oddech. – Przeżyłam nalot bombowców. Zostałam uwięziona w piwnicy zbombardowanego budynku.

Trzymał mnie mocno w objęciach.

– To był najgorszy dzień w moim życiu – powiedziałam po chwili. – A martwię się tym, że nie poszłam do szkoły. Będę miała nieusprawiedliwione nieobecności.

– Naprawdę zapomniałaś? – popatrzył mi głęboko w oczy. – Dzisiaj nie mieliśmy lekcji! Trzecioklasiści pisali egzamin!

– Dlatego po mnie nie przyszedłeś! – W końcu do mnie dotarło.

– Musisz odpocząć. Chodź, odprowadzę cię. – Pomógł mi wstać.

Koszmarnie bolała mnie głowa, aż zrobiło mi się niedobrze.

– Gigantyczny *jet lag*, tak? – powiedziałam gorzko. – Jest gorzej, niż myślałam.

Leon zaprowadził mnie do domu. Pomógł mi domyć brudne ręce, a potem dopilnował, żebym się położyła. Przy łóżku postawił butelkę z wodą, nachylił się i pocałował mnie w czoło.

– Nie mogę przestać myśleć o tym, że mogłem cię stracić. – Mocno ścisnął moją dłoń.

Byłam tak wyczerpana, że nie miałam siły odwzajemnić jego uścisku. Zasnęłam błyskawicznie kamiennym snem i nie zauważyłam nawet, kiedy Leon wyszedł. Obudziłam się po kilku godzinach w nieco lepszym nastroju, jednak gdy tylko usiadłam, ból głowy powrócił. Resztkami sił powlokłam się do kuchni.

– Jak ty wyglądasz! – przeraziła się mama i zaraz przyłożyła rękę do mojego czoła. – Ciepła jesteś, zmierz sobie temperaturę.

– Nic mi nie jest – broniłam się – tylko strasznie boli mnie głowa.

– Zjesz kolację?

– Nie jestem głodna.

Nic nie jadłam od śniadania, żołądek miałam kompletnie ściśnięty, ale mama wcale mnie nie słuchała. Bez słowa położyła na stole bochenek chleba rycerskiego z piekarni przy placu Bema, masło i dżem truskawkowy. Wiedziała, że na taki zestaw zawsze się skuszę.

– Niepotrzebnie wysłałam cię do szkoły. – Spojrzała na mnie ze skruchą. – Powinnaś była odpocząć.

– Dobrze się składa, bo do czwartku mamy wolne. Trzecioklasiści piszą test.

– Jeśli jutro nadal będziesz się źle czuć, umówię cię do lekarza.

– Nie trzeba – broniłam się. – Muszę się tylko porządnie wyspać.

– Zobaczymy rano. – Mama była nieubłagana. – Teraz jedz.

Po kolacji poszłam się umyć, a kiedy zobaczyłam w lustrze swoją twarz, przestała mnie dziwić reakcja mamy. Wyglądałam naprawdę bardzo słabo.

Później wysłałam do Leona SMS-a:

*Czuję się już trochę lepiej. Napisz do wszystkich, żeby przyszli do mnie jutro rano. Chcę wam o wszystkim opowiedzieć.*

*Nie mogą się doczekać. A ja żałuję, że nie mogę być teraz przy Tobie* – odpowiedział.

*Na samo wspomnienie tego, co widziałam, płaczę* – odpisałam i sięgnęłam po chusteczkę.

*Dlaczego musiałaś trafić na najgorszy moment historii? Powinienem być przy Tobie* ☺.

*Widocznie tak musiało być. Najważniejsze, że przeżyłam. Z Breslau zawsze się wraca i to jest pozytywne.*

*Mogę Ci chyba zdradzić, że Hugo też wrócił. Skończyłem tłumaczenie.*

*Świetnie* – odpisałam zupełnie bez entuzjazmu. Na razie byłam tak wstrząśnięta, że nic nie było w stanie mnie pocieszyć.

Przyszli o umówionej godzinie, a potem po kolei przytulili się do mnie.

– To musiało być naprawdę straszne! – Ada spojrzała na mnie ze współczuciem.

– O rany, Natalia! Co się stało z twoimi rękami? – Olga ze zgrozą przyglądała się moim dłoniom.

– Siadajcie już! – Leon przejął inicjatywę. – A ty kładź się do łóżka. Ułożę ci wygodnie poduszki.

Starałam się nie zapomnieć o żadnym szczególe, opowiadałam długo i bardzo dokładnie. Czułam się tak, jakbym znów tam była, od nowa przeżywałam każdy moment. Kiedy skończyłam, zapadła głęboka cisza. Ada i Olga ocierały mokre od łez oczy.

– Natalio, jesteś najdzielniejszą osobą, jaką znam. – Leon popatrzył na mnie z podziwem.

– Każdy z was zachowałby się dokładnie tak samo. Jestem tego całkowicie pewna.

– Nie jestem aż tak odważna – przyznała się Ada. – A ty uratowałaś od śmierci dziecko!

– Z miejsca dostałabym ataku klaustrofobii! – dodała Olga. – Wariuję w zamkniętych pomieszczeniach!

– Nie miałem pojęcia, że to tak wyglądało – przyznał Maks, a Adam tylko kiwnął głową. – Straszne czasy!

– Coraz lepiej rozumiem, jak się czuł Hugo – westchnęłam. – Widział, jak jego miasto jest niszczone przez bombardowania, a kiedy koszmar wojny się skończył, został z niego wygnany. Nie dano mu szansy. Nie mógł zobaczyć, jak Wrocław podnosi się z gruzów.

– Musisz to wszystko dokładnie opisać. Ada wcisnęła mi notes do ręki. – Ale najpierw odpocznij.

– To prawda, znów czuję się gorzej – wymamrotałam.

– Lepiej już chodźmy – zadecydował Leon. – Natalia potrzebuje dużo spokoju.

– Leon, zostań przy mnie – poprosiłam. – Nie chcę być teraz sama.

Trzymał mnie za rękę, dopóki się nie uspokoiłam. Pamiętam jeszcze, że pogładził mnie po włosach, a potem wyszedł po cichu. Wtedy zasnęłam, z lekkim uśmiechem na ustach.

Głowa przestała mnie boleć dopiero następnego dnia, jednak wciąż miałam posiniaczone łydki i obolałe żebra. Mimo wszystko postanowiłam zabrać się do opisania mojego przeniesienia. Ze wzruszeniem otworzyłam notes, pogłaskałam pożółkłą kartkę i wzięłam długopis do ręki. Nie mogłam się doczekać, kiedy wyrzucę z siebie wszystkie emocje. Pisałam nieprzerwanie, nie zwracając uwagi na to, co dzieje się wokół. Nawet wibracje telefonu nie były w stanie oderwać mnie od pracy. Obawiałam się, że jeśli przerwę, stracę wątek albo zapomnę o jakimś szczególe. Kiedy postawiłam kropkę na końcu ostatniego zdania, poczułam satysfakcję. Teraz naprawdę mogłam odpocząć.

Domofon zadzwonił ostro, raz i drugi. Nieco za szybko wstałam, znów zaczęło mi się kręcić w głowie. Zanim doszłam do przedpokoju, ktoś zaczął już bębnić do drzwi. Spojrzałam przez wizjer i otworzyłam Leonowi, trzymając się za obolałe czoło.

– Twoja sąsiadka akurat wychodziła z bramy, więc wszedłem. – Jednocześnie zdejmował buty, wieszał kurtkę i zamykał drzwi. – Martwiłem się, że coś ci się stało. Dlaczego nie odbierałaś telefonu?

– Wyciszyłam go.

– Nadal boli cię głowa? – Zaprowadził mnie do pokoju. – Niedobrze, powinnaś się położyć.

Jakbym sama tego nie wiedziała.

– Zrobię ci zimny kompres. Chcesz coś do picia?

– Mhm.

Już miał wyjść do kuchni, ale zatrzymał się na widok otwartego notesu.

– Zapisałaś?

– Tak – odpowiedziałam apatycznie.

– Mogę przeczytać?

– Najpierw zrób mi herbaty. Błagam!

Wrócił z dwoma parującymi kubkami i mokrą ściereczką w ręce. Troskliwie położył kompres na moim czole, a potem usiadł przy biurku. Szelest przewracanych kartek usypiał mnie, a sen był najlepszym sposobem na to, żeby odpocząć. Kiedy otworzyłam oczy, Leon nadal siedział przy biurku. Zauważył moje spojrzenie.

– Jak się czujesz?

– Trochę lepiej, ale wciąż jestem zmęczona – westchnęłam. – Czy dla ciebie przeniesienie było równie trudne?

– Chyba nie, choć nie pamiętam dobrze. Minęło już tyle czasu!

– Ciągle myślę o tamtych ludziach... – Pokręciłam głową. – Jak oni dawali sobie radę? Wojna jest taka głupia! Ludzie giną z byle powodu! – Walczyłam z napływającymi łzami.

– Natalia, nie zamartwiaj się, proszę. – Pogłaskał mnie. – Trafiłaś na paskudny moment. Musi minąć trochę czasu, zanim zapomnisz...

– Przecież nie o to chodzi! – Przerwałam mu ze złością. – Nie chcę zapomnieć o ich cierpieniu! Wiesz, ilu tam ludzi zginęło? Bez względu na wszystko nie zasłużyli na to, żeby umierać!

– Posłuchaj, Natalia. Przeżyłaś poważny wstrząs. Daj sobie trochę czasu.

Milczałam. W głowie wciąż wyświetlały mi się obrazy z wojennego Wrocławia. – Wczoraj moja mama przyniosła ulotki z biur podróży. Muszę zadecydować, dokąd chcę pojechać na letni obóz – powiedziałam z goryczą. – Kiedy patrzę na roześmiane twarze na tych folderach, chce mi się wyć... Myślę tylko o śmierci.

Nareszcie do Leona dotarło, czego mi trzeba. Usiadł na łóżku i mocno mnie przytulił, a ja pozwoliłam łzom płynąć. Dopiero kiedy się wypłakałam, poczułam ulgę. Wytarłam nos i odgarnęłam włosy z czoła.

– Muszę wyglądać okropnie – stwierdziłam beznamiętnie. – Nikt nie powinien oglądać mnie w tym stanie.

– Masz zapuchnięte oczy i czerwony nos. – Leon przyjrzał mi się krytycznie – ale co z tego? I tak bardzo mi się podobasz. I bardzo cię lubię. A nawet więcej, niż lubię.

Zaczerwienił się, a do mnie dotarło coś, czego do końca sobie nie uświadamiałam. Spojrzałam na niego szeroko otwartymi oczami. Powiedział coś bardzo ważnego, czego w tej chwili naprawdę potrzebowałam. W tym samym momencie usłyszeliśmy, jak otwierają się drzwi mieszkania. Moja mama wróciła z pracy.

– Natalia, jak się masz? – zawołała od progu. – Ktoś jest u ciebie?

– To ja, Leon! – odpowiedział i błyskawicznie wrócił na krzesło.

– Myślałam, że odpoczywasz. – Mama już była w pokoju i przykładała rękę do mojego czoła. – Mierzyłaś temperaturę?

– Później zmierzę – wymamrotałam.

– Dobrze, że leżysz. Jesteście głodni?

– Dziękuję pani. Powinienem wracać już do domu. Zasiedziałem się. – Leon się podniósł i szybko wyszedł. Nawet się ze mną nie pożegnał. Zawołał tylko z przedpokoju: „Cześć, Natalia!" i już go nie było.

Mama mrugnęła do mnie porozumiewawczo, a ja schowałam się pod kołdrą.

Powinnam go zatrzymać, ale było już za późno. Magiczny moment minął bezpowrotnie, a ja miałam mętlik w głowie. Do smutku z powodu Breslau dołączyły nowe uczucia, nad którymi nie byłam w stanie się teraz zastanawiać.

Nagle poczułam, że już dość leżenia i użalania się nad sobą. Pozbierałam brudne chusteczki, pościeliłam łóżko i stanęłam przed szeroko otwartym oknem. Świeże powietrze przyjemnie chłodziło moją twarz. Drzewa się zieleniły, a jaskółki i jerzyki śmigały na tle jasnego nieba. Niespodziewanie na dachu kościoła stojącego po drugiej stronie ulicy wylądowała para kaczek. Ślizgały się po stromych dachówkach, w końcu dały za wygraną i odleciały z powrotem nad Odrę. Świat był niezmiennie piękny. Nawet jeśli ludzie nie zawsze na niego zasługiwali.

Wieczorem napisałam do Leona SMS-a: *Dziękuję Ci za wszystko.*

Odpisał jednym zdaniem: *Nie ma sprawy.*

Jakby wstydził się swoich uczuć.

Ech! Nigdy nie zrozumiem facetów.

Dobrze, że moja mama naprawdę przejęła się moim stanem zdrowia i pozwoliła mi zostać w domu aż do weekendu majowego. W szkole niewiele się działo, z łatwością będę mogła nadrobić zaległości.

– Dzisiaj nie mieliśmy ani jednej normalnej lekcji! – opowiadała mi przez telefon Olga.

– Mogłoby tak być zawsze – westchnęłam.

– Zgdzam się! Nie sprawdzają nawet zadań domowych!

– Pewnie wszystko wróci do normy po długim weekendzie.

– E tam, tylko na kilka dni! Zaraz zaczną się wycieczki, zebrania, rady pedagogiczne. Wszyscy myślą już tylko o wakacjach! – przekonywała.

– A ja wciąż jestem w Breslau – wyznałam. – Trudno mi wrócić do rzeczywistości.

– Też byłam zagubiona po przeniesieniu – zgodziła się ze mną Olga. – Ty pewnie czujesz się jeszcze gorzej.

– Byłoby mi łatwiej, gdybym mogła z wami pójść do przedsionka i spokojnie porozmawiać. – Dotarło to do mnie nagle. – Tylko rozmowa o tamtych czasach przynosi mi ulgę.

– Na pewno się umówimy – odpowiedziała, ale tak jakoś bez przekonania.

Zaczęłam się zastanawiać, czy na pewno wszystko jest między nami w porządku.

W poniedziałek Leon jak zawsze czekał na mnie przed domem. Nie pamiętałam już, kiedy po raz ostatni szłam do szkoły z taką niecierpliwością.

– Pędzisz, jakby czekało tam na ciebie coś niezwykle ekscytującego! – śmiał się Leon. – Może cię rozczaruję, ale to nadal jest ta sama szkoła, z tymi samymi nauczycielami!

– W tym samym budynku – dokończyłam i mocno pociągnęłam Leona za rękaw. – Popatrz, dyrektor stoi przy wejściu do przedsionka!

Faktycznie, stał przy zamkniętych drzwiach razem ze szkolnym konserwatorem, który zajmował się na co dzień drobnymi naprawami. Dyrektor kilka razy nacisnął klamkę, jakby liczył na to, że drzwi się otworzą na jego żądanie.

– Co oni tam robią?

– Później ci powiem – syknął Leon. – Teraz idziemy, jakby się nic nie stało!

Czegoś tu nie rozumiałam. Podeszliśmy bliżej, a ja się pochyliłam, udając, że zawiązuję but.

– Jak to możliwe, że klucz zaginął? – Dotarł do nas poirytowany głos dyrektora.

– Nie mam pojęcia! – Konserwator był bezradny. – Tylko tego jednego nie ma, pozostałe wiszą na swoim miejscu. Jakby się rozpłynął w powietrzu.

– Trzeba go jak najszybciej odnaleźć! W przeciwnym wypadku będziemy musieli wyłamać zamek – zakończył dyrektor i nagle zwrócił się do nas. – Natalia, Leon! Na co czekacie? Zaraz będzie dzwonek!

– Chcą nam zabrać przedsionek! – zawołałam zamiast powitania, kiedy już znaleźliśmy się przed salą.

To nie było rozsądne, bo zwróciłam na siebie uwagę całej klasy. Odwrócili się i patrzyli na mnie z dziwnym wyrazem twarzy.

– Czemu robisz takie zamieszanie? – zdenerwował się Maks. – Wszyscy o tym wiemy. Leon, nie powiedziałeś jej?

– O czym? – Popatrzyłam z wyrzutem.

– Nie chciałem cię martwić.

– Po przeniesieniu byłaś taka rozbita… – Olga otoczyła mnie ramieniem.

– Chcą uruchomić drugie wejście do szkoły – wyjaśnił krótko Adam.

– Już w ubiegłym tygodniu miałem problem, żeby zabrać z przedsionka gitarę. Ciągle ktoś się kręcił w pobliżu – dodał Maks.

– Co się stanie z książkami? Z mapami? – gorączkowałam się.

– Tak naprawdę najbardziej martwimy się o kufer... – Leon poprawił okulary na nosie.

– No tak. Kufer!

Zanim zdążyłam powiedzieć więcej, zadzwonił dzwonek na lekcję. Jak zawsze, w najmniej odpowiednim momencie.

Tak jak podejrzewałam, po kilku dniach przerwy nauczyciele tryskali energią. Wróciła im ochota do pracy. Już na pierwszej lekcji anglistka próbowała nas przekonać, że gramatyka powinna wzbudzać w nas entuzjazm. Przygotowała mnóstwo ćwiczeń, co chwilę wzywała do odpowiedzi. Za nic nie pozwalała się skupić na własnych myślach. Machinalnie przepisywałam od Ady, nie zadając sobie nawet trudu, żeby samodzielnie wypełnić ćwiczenia. Myślami wciąż byłam w przedsionku. Czemu akurat to wejście? Niemal na każdej ścianie znajdowały się nieużywane drzwi. Dlaczego wybrali akurat nasze?

Niecierpliwie wyczekiwałam dzwonka na przerwę. Powinniśmy koniecznie porozmawiać, znaleźć jakieś rozwiązanie! Jednak kiedy lekcja się skończyła, Ada od razu pociągnęła mnie za sobą.

– Biegnij, inaczej nie zdążymy!

– Dokąd? – zawołałam, ale była już daleko.

Zbiegłam po zatłoczonych schodach tak szybko, jak było to możliwe, ale udało mi się ją dogonić dopiero przy drzwiach wejściowych.

– Gdzie idziemy?

– Na podwórko! – odpowiedziała z satysfakcją.

– Pozwolili nam wychodzić na dwór? – zapytałam z niedowierzaniem. – Nie musimy spędzać przerw na dusznym korytarzu?

– Do wakacji będziesz mogła oddychać świeżym powietrzem! – roześmiała się.

– Chyba że stanę obok kogoś, kto pali – powiedziałam z przekąsem, usuwając się z chmury dymu wydmuchiwanego przez jedną z dziewczyn. – Czegoś tu nie rozumiem. Palacze zawsze znajdowali sposób, żeby się wydostać na podwórko. Dlaczego pozostali potrzebowali specjalnej zgody?

– Niech się trują, to ich wybór. – Ada wzruszyła tylko ramionami i wystawiła twarz do słońca.

– Widziałaś, ile osób wyszło razem z nami? – Rozejrzałam się.

– Pewnie dlatego chcą uruchomić drugie wejście. Strasznie im się spieszy.

Niestety, mogłyśmy tylko przez krótką chwilę cieszyć się wiosennym słońcem. Donośnie rozdzwonił się dzwonek na kolejną lekcję.

– Musimy wracać. – Szturchnęłam ją lekko.

– Wyluzuj! Zobacz, co się tam dzieje!

Faktycznie, przed wąskimi drzwiami kłębił się tłum uczniów.

– Jakaś kompletna masakra! – powiedziałam zniesmaczona, bo zanim udało nam się wdrapać na drugie piętro, minęło sporo czasu. – A wystarczyłoby zdjąć ten szklany dach nad wewnętrznym dziedzińcem. Nie musielibyśmy biegać tam i z powrotem.

– Ja nie narzekam – uśmiechnęła się Ada. – Cieszę się, że w końcu możemy wychodzić na podwórko.

– Pewnie jest w tym jakieś drugie dno. Zobaczysz, wystawią nas do reprezentacji szkoły w biegach krótkodystansowych! – roześmiałam się.

– Może po prostu zależy im na tym, żebyśmy się mogli dotlenić?

Nieważne, która z nas miała rację. Grunt, że czułam się lepiej. Przynajmniej do momentu, w którym przypomniałam sobie o przedsionku. Mój dobry nastrój bezpowrotnie się ulotnił. Nie potrafiłam się pogodzić z myślą, że stracimy na zawsze nasze wyjątkowe miejsce.

Jednak przez cały dzień, zamiast szukać jakiegoś rozwiązania biegałam po schodach, w górę i w dół. Ada nie chciała opuścić ani jednej przerwy na dworze. Kiedy lekcje wreszcie się skończyły, z westchnieniem ulgi wyszłam przed szkołę.

– Jutro będę miała zakwasy! – wyjęczałam.

– Trzeba było siedzieć ze mną na korytarzu! – Olga zdobyła się na małą złośliwość.

– Odrobina ruchu jeszcze nikomu nie zaszkodziła! – pocieszała mnie Ada.

– Idziemy do przedsionka? – zatrzymałam się przed bramą. – Nie mogę uwierzyć, że tak szybko pogodziliście się z tą stratą.

– A co innego mogliśmy zrobić? – Maks wzruszył ramionami.

– Lepiej będzie, jak znajdziemy sobie jakieś nowe miejsce – podsumowała Ada.

– Zapomnij! Przy takiej masie uczniów? Nie mamy szans! – Adam zrezygnowany machnął ręką.

– Potraficie się pogodzić z tym, że już nigdy nie przeniesiecie się w czasie? – Powiedziałam głośno to, nad czym pewnie wszyscy się zastanawiali.

– Do tego potrzebny jest kufer, nie przedsionek – uspokajał mnie Leon. – Może będzie działał w innym miejscu?

– Nie pamiętasz już, jaki jest ciężki? – Maks studził jego zapał. – Nie damy rady go wynieść.

Zaciekle dyskutując, obeszliśmy budynek szkoły. Przed wejściem do przedsionka stał konserwator, wciąż próbował dostać się do środka. Schowaliśmy się za rogiem.

– Co robimy?

– Musimy poczekać – podjął decyzję Leon. – W końcu sobie pójdzie.

Nie mogliśmy jednak stać na widoku i czekać, aż zrezygnuje. Poszliśmy więc do sklepu po lody i usiedliśmy na trawniku po drugiej stronie ulicy. Ukryci za zaparkowanymi samochodami mogliśmy ukradkiem obserwować, co dzieje się przed przedsionkiem.

– Dyro idzie! – zauważył Adam.

Sprawa zaginionego klucza musiała naprawdę zirytować dyrektora, z daleka słychać było jego podniesiony głos. Konserwator nieudolnie się tłumaczył i bezradnie rozkładał ręce.

– Żal mi go – powiedziałam półgłosem. – Przecież to nie jego wina.

– Tylko żeby ci do głowy nie wpadło zanieść mu klucz!

– No, co wy! Żal mi biedaka i tyle. Obrywa nie za swoje.

– Słuchajcie, poszli sobie! Możemy iść!

– Poczekajmy jeszcze chwilę – powstrzymywał nas Maks. – Naprawdę lepiej, żeby nikt nas nie przyłapał.

Niestety, nie mieliśmy szczęścia. Ledwo dyrektor z konserwatorem zniknęli, przy przedsionku pojawiła się polonistka. Zatrzymała się na rogu ulicy i zaciekle dyskutowała na jakiś temat z inną nauczycielką.

– Będziemy tu czekać do wieczora! – jęknęła Ada.

– Nie mam już zbyt wiele czasu. – Maks zerknął na zegarek. – Za chwilę zaczyna się trening.

Leon chciał coś dodać, ale właśnie wtedy zaburczało mu w brzuchu.

– Słyszeliście? Muszę iść na obiad.

– Naprawdę już nic nie da się zrobić? – nalegałam. – Musimy się spotkać w przedsionku po raz ostatni!

– Może w piątek po Bożym Ciele? Nie mamy lekcji, więc nikt niepowołany nie będzie się tu kręcił – zaproponowała Olga.

– Świetnie! – ucieszył się Leon. – Będę mógł wam przeczytać ostatni wpis z pamiętnika!

– Nareszcie!

– Myślałam, że to nigdy nie nastąpi!

– To jak? Umawiamy się przed południem?

– Jak najprędzej!

Przyszliśmy z Leonem do przedsionka pierwsi, chwilę później dotarli pozostali. Przyniosłam z domu książki, które wcześniej pożyczyłam, i dołożyłam je do innych.

– Mam tylko nadzieję, że nie trafią na makulaturę – westchnęłam.

– Kogo interesują przedwojenne podręczniki? – Olga się skrzywiła. – Jestem pewna, że rzucą je na strych, a tam myszy się nimi zajmą.

– Ty to zawsze potrafisz pocieszyć! – zdenerwowałam się.

– A ja też myślę, że te książki są bardzo wartościowe. – Adam stanął po mojej stronie. – Nie wierzę w to, że je wyrzucą.

– Oby tak było!

– Ależ tu duszno! – westchnęła Ada. – Nie ma żadnego przewiewu.

– Może zostawimy drzwi uchylone? – zaproponował Maks. – Nie sądzę, żeby ktokolwiek ze szkoły pojawił się w okolicy.

Usiedliśmy na stopniach i zapatrzyliśmy się w kufer.

– Co się z nim stanie?

– Na pewno go tutaj nie zostawią. – Leon nie miał żadnych wątpliwości.

– Pewnie porąbią go na mniejsze kawałki, a potem spalą – zawyrokował Adam.

– Nikt więcej nie przeniesie się do Breslau – powiedziała Ada tak smutnym głosem, aż dreszcz przebiegł mi po plecach.

– Że też nie da się go wynieść!

– Próbowaliśmy tyle razy...

– Czasem myślę, że ten kufer sam o sobie decyduje. Miejmy nadzieję, że uchroni się przed zniszczeniem.

– Brzmi to nieco magicznie, ale może zadziała – zachichotał Maks, choć nam wcale nie było do śmiechu.

– Leon, przeczytaj nam o Hugonie. Może choć to nas trochę pocieszy – poprosiła Ada.

– Żałuję, że będę wam czytał właśnie dzisiaj. Nie chciałem, żeby tak wyszło.

– Nikt z nas nie chciał.

– Po prostu dyrektor się uwziął!

– A jak oni coś sobie wbiją do głowy, to nie ma przebacz!

– To co? Słuchacie?

– Słuchamy, słuchamy! A ty czytaj!

### Wrocław/Breslau, 5 października 1945

*To już. Jutro wyjeżdżamy z Wrocławia. Nie ma co się oszukiwać. Na moich oczach Breslau stało się Wrocławiem. Miasto, które znałem od urodzenia, przestało istnieć. Wysiedlają nas po kolei. Dzielnica za dzielnicą, ulica po ulicy. Już jutro przy Hedwig-*

strasse, a obecnie ulicy Mikołaja Reja nie będzie mieszkał ani jeden Niemiec.

Mama wciąż płacze. Pakuje rzeczy i na powrót je rozpakowuje. Nie potrafi się zdecydować. Nie da się zapakować całego mieszkania do jednego plecaka i jednej walizki. Gorsze jest to, że nie mamy pojęcia, dokąd pojechać. W którym kierunku powinniśmy się udać? Czy komuś z naszej rodziny udało się przeżyć? Mama jest przerażona, a ja nie umiem jej pocieszyć. Tylko Hannah niczego nie rozumie. Nie może się doczekać, kiedy wreszcie pojedzie pociągiem. Trudno się dziwić, to jej pierwsza podróż.

Jutro z samego rana mamy się udać na miejsce zbiórki. To będzie nasza ostatnia noc w Breslau. Mama sprząta, powiedziała, że nie zostawi za sobą bałaganu. Nawet okna chciała myć! Gdyby nie to, że szyby są pęknięte albo nie ma ich wcale, pewnie by to zrobiła.

A ja nie mogłem znaleźć sobie miejsca.

W końcu wyszedłem z domu.

Ciągnęło mnie do szkoły.

Musiałem po raz ostatni pójść do przedsionka. Teraz też tu siedzę. Nigdy bym nie uwierzył, że to miejsce będzie dla mnie tyle znaczyć. Gdyby nie przedsionek, życie we Wrocławiu byłoby nie do zniesienia. Jestem za to ogromnie wdzięczny, choć... Marzę o tym, żeby choć na krótką chwilę się przenieść. Po raz ostatni zobaczyć miasto, które istnieje już tylko w mojej pamięci.

### Później, już w domu

Udało się! Usiadłem na kufrze, zamknąłem oczy i od razu poczułem znajome zawroty głowy! Znów znalazłem się w Breslau!

Przez krótką chwilę było zupełnie cicho. A potem usłyszałem gwar głosów. Drzwi wejściowe nieustannie się otwierały, wchodziło przez nie mnóstwo uczniów. Ktoś przypadkiem mnie popchnął, kto inny na mnie wpadł. Jak zawsze, rozpychali się na schodach.

– Warum stehst du so, Hugo? Solltest du etwa nicht in der Schulklasse sein[31]? – zapytał ktoś i pobiegł na górę.

Uśmiechnąłem się szeroko i przeskakując po kilka stopni, znalazłem się na pierwszym piętrze. To była moja szkoła. Wyglądała dokładnie tak samo, jak ją zapamiętałem. Gdzie spojrzałem, widziałem znajome twarze kolegów, których nie ma już na tym świecie. Nauczyciele wciąż pracowali, nikt jeszcze nie zdążył powołać ich do wojska. Nic się jeszcze

---

[31] Co tak stoisz, Hugo? Nie powinieneś być w klasie?

nie zmieniło. Szkoła trwała w swoim niezmienionym kształcie.

Poszedłem do mojego ulubionego miejsca. Stanąłem przy barierce, a potem spojrzałem w dół, na wewnętrzny dziedziniec. Był pełen uczniów jak zawsze. Jedni grali w kulki, inni podrzucali do góry zośkę. Dziewczyny tłoczyły się na ławce, one zawsze mają swoje sprawy do obgadania! Słyszałem ich nawoływania i śmiechy, aż tu docierały rozmowy prowadzone w moim ukochanym języku.

Nagle poczułem, że ktoś mi się przygląda. Przy barierce po drugiej stronie dziedzińca stała Gertruda.

Gertruda… Nawet nie marzyłem o tym, że jeszcze kiedyś ją zobaczę!

Tak jak ja lubiła się przyglądać temu, co działo się w szkole. Choć nigdy ze sobą nie rozmawialiśmy, uśmiechaliśmy się do siebie. Nie byłem na tyle odważny, żeby się do niej odezwać. Za bardzo mi się podobała.

Jej jasne włosy były zaplecione w dwa długie warkocze. Pewnie jak zawsze pachniały świeżością i rumiankiem. Czułem ich zapach, kiedy mijaliśmy się na szkolnym korytarzu.

Patrzyła na mnie szeroko otwartymi oczami, a wtedy nieśmiało podniosłem rękę i pomachałem.

*Gertruda uśmiechnęła się i posłała mi całusa, a ja poczułem, że się czerwienię. Kiedy po raz kolejny spojrzałem w jej kierunku, już jej tam nie było. Pewnie pobiegła do klasy.*

*Przypomniałem sobie, że tu widzieliśmy się po raz ostatni. Następnego dnia Gertruda nie przyszła do szkoły. Ktoś powiedział, że wyjechała z Breslau, nikomu nie zostawiła nowego adresu.*

*Zrozumiałem, że powinienem się dowiedzieć, dokąd pojechała. Musiałem ją odnaleźć!*

*Spojrzałem na dziedziniec. Dzisiaj dyżur pełnił profesor matematyki. Właśnie sięgnął do kieszeni i wyciągnął z niej złotą dewizkę. Łańcuszek, na którym zawieszony był zegarek, kołysał się, kiedy matematyk sprawdzał czas. Pewnie woźny jak zwykle wydłużył nam przerwę.*

*Musiałem się spieszyć. Pobiegłem korytarzem, rozglądając się za dziewczyną o jasnych warkoczach. Nie mogłem jej znaleźć. Bezradny stanąłem przy barierce, tam gdzie ona przed chwilą.*

*Wtedy ktoś delikatnie postukał mnie w ramię.*

*To była ona. Gertruda.*

*– Przyszedłeś się ze mną pożegnać? – zapytała, patrząc mi głęboko w oczy.*

*– Wyjeżdżasz?*

*– Musimy się wyprowadzić – westchnęła.*

– Dokąd?

– Dam ci mój nowy adres. Będziesz do mnie pisał? Kiwnąłem tylko głową.

Gertruda podała mi niewielką karteczkę.

– Obiecuję… – powiedziałem, ale dalsze słowa zagłuszył dźwięk dzwonka. Woźny przypomniał sobie o swoich obowiązkach.

Tylko ja wiedziałem, co obiecałem Gertrudzie.

Pocałowała mnie w policzek i pobiegła do klasy, a ja wychyliłem się przez barierkę. Kropla wody spadła na moje czoło, chyba zaczęło padać. Deszcz przyjemnie chłodził mi twarz. Chciałem ochłonąć, zanim pójdę na lekcję. Ale kiedy na powrót otworzyłem oczy, znów byłem w przedsionku. W ręce ściskałem kawałek papieru.

– Obiecuję, że odnajdę cię po wojnie – powtórzyłem cicho, wczytując się w adres Gertrudy.

Wyspa Föhr na Morzu Północnym. Teraz już wiem, dokąd powinniśmy pojechać.

Byle dalej na północ.

Jutro rano, zanim wyjedziemy, zaniosę notes do przedsionka. Ukryję go za kufrem. Chcę, żeby został tu, gdzie wszystko się wydarzyło.

Żegnaj, Breslau, na zawsze.

Hugo Harnisch

– A więc wyjechał! – krzyknęła Ada.

– Jak dobrze, że zostawił pamiętnik!

– Jak dobrze, że właśnie my go znaleźliśmy!

– Świetnie ci poszło! – spojrzałam z uznaniem na Leona.

– Słuchajcie! Teraz już wiemy, gdzie powinniśmy go szukać! – olśniło Olgę.

I właśnie w tym momencie ktoś mocno i zdecydowanie nacisnął klamkę. To było tak nieoczekiwane, że wstaliśmy i w napięciu wpatrywaliśmy się w pustą przestrzeń.

– Trzeba było zamknąć! – syknęłam.

– Mamy przechlapane.

Jednak osoba, która pojawiła się na progu, nie wyglądała znajomo. W żaden sposób nie przypominała ani dyrektora naszego gimnazjum, ani konserwatora.

Stał przed nami niewysoki staruszek. Z niedowierzaniem przyglądaliśmy się jego rozpromienionej twarzy.

Starszy pan wszedł do środka i starannie zamknął za sobą drzwi. Dopiero wtedy uchylił kapelusza, a ja zauważyłam laskę w jego ręce.

– *Guten Tag!* Dzień dobry! – powiedział, twardo akcentując każdy wyraz. – Chyba dobrze trafiłem? Można mówić po niemiecku?

– *Ja! Natürlich!* – wyrwało się Leonowi.

– Miałem taką nadzieję! – Nie przestawał się uśmiechać. – Czy to wy napisaliście do mnie list?

– Pan Hugo Harnisch? – zapytała nieśmiało Olga.

– We własnej osobie!

– To naprawdę pan!

– Czekaliśmy tak długo!

– Już straciliśmy nadzieję! – przekrzykiwaliśmy się bez ładu i składu, kiedy ściskał nasze dłonie.

– Żaden pan, po prostu Hugo – powiedział radośnie. – Można tu gdzieś usiąść? Nie mogę zbyt długo stać.

Bezradnie rozejrzeliśmy się wokół. Nie chcieliśmy proponować mu kamiennych stopni.

– Może tutaj? – Maks wskazał na kufer, a Hugo rozsiadł się wygodnie.

– Czy twoja noga… – zapytała Ada, ale nie miała śmiałości dokończyć.

– Oczywiście jest krótsza! – Podciągnął lekko nogawkę, żebyśmy mogli przyjrzeć się jego butom. Podeszwy różniły się grubością, co wyrównało nierówność. – Lekarze próbowali ją wydłużyć, ale nic z tego nie wyszło. A wy skąd o tym wiecie? – zreflektował się nagle.

– Przetłumaczyliśmy twój pamiętnik – powiedziałam i podałam mu zeszyt.

— Mój notes! — Aż podskoczył z radości. — Żałowałem, że nie wziąłem go ze sobą! Nie miałem żadnych dowodów. Nie potrafiłem przekonać Gertrudy, że to, o czym opowiadam, wydarzyło się naprawdę.

Gertrudy?

Zelektryzowało nas to imię, popatrzyliśmy na niego zdumieni.

Hugo ze wzruszeniem pogłaskał okładkę, zanim zajrzał do środka.

— Hugo Harnisch Breslau/Wrocław — przeczytał drżącym nagle głosem.

— Twoim zwyczajem zapisywaliśmy nasze przeniesienia. Wykorzystaliśmy miejsce w notesie, mamy nadzieję, że się na nas nie gniewasz?

— To cudownie! Naprawdę cudownie! Zaraz, zaraz. Przenosiliście się w czasie? Z przyjemnością o tym przeczytam!

— Mogliśmy pisać po niemiecku — żałował Maks.

— Mam sporo wolnego czasu, sam wszystko przetłumaczę! — Hugo ze wszystkiego był zadowolony.

— Naprawdę udało ci się odnaleźć Gertrudę? — zapytałam, bo ta myśl nie dawała mi spokoju.

— Tak. Ale najpierw musiałem namówić moją mamę, żebyśmy pojechali na północ. Nie mogła pojąć, co mnie tam gna... — Uśmiechnął się do wspomnień. – Gertruda nie mogła uwierzyć, że ją znalazłem. Za to później została moją żoną!

– To po prostu niesamowite!

– Wzruszające!

– Cudownie, że przyjechałeś i możesz nam o tym opowiedzieć!

– Czemu miałbym tego nie zrobić? Przecież sami mnie zaprosiliście!

– Nigdy nie dostaliśmy od ciebie odpowiedzi. Myśleliśmy...

– Że nie żyję, tak? Nie lubię tej nowoczesnej techniki! – Hugo machnął ręką. – Wolałem spotkać się z wami osobiście. Ja nawet nie mam komputera, a córka długo mnie przekonywała do telefonu komórkowego. To i tak nie ma znaczenia, bo tam, gdzie mieszkamy, wciąż nie ma zasięgu.

– W takim razie, w jaki sposób dotarł do ciebie nasz list?

– Wysłaliście wiadomość pod adres mojej Doren. Jak tylko go dostała, od razu do mnie przyjechała. Wiedziała, że jestem osobą, której szukacie. Nie miała jednak pewności, czy będę chciał pojechać do Wrocławia.

– Dostaliśmy mnóstwo pustych mejli! Z podpisem *Hugo Harnisch*.

– Nie wiedziałem, co wam napisać. Doren wahała się równie mocno jak ja. Długo się zastanawiałem, czy dam radę... Nie byłem we Wrocławiu od czterdziestego piątego roku. Ale nie mogłem przestać o was myśleć. Wróciły wszystkie wspomnienia, nie potrafiłem sobie z tym poradzić. Nie mogłem w nocy spać. Wtedy Gertruda powiedziała, że muszę się z wami spotkać. To twój obowiązek! – powtarzała bez przerwy.

– To po prostu niesamowite! – wzruszyłam się. Leon wyczuł mój nastrój i pogłaskał mnie po plecach.

– Co u licha? – Hugo niespodziewanie zeskoczył z kufra. – Nie można już spokojnie posiedzieć?

Kufer wibrował i dygotał, a potem wieko zaczęło się podnosić z przeciągłym skrzypieniem.

– Otwiera się! – szepnął z zachwytem Maks.

– Co się dzieje? – spytał Hugo z przejęciem.

– To kufer posiada magiczne właściwości, a nie przedsionek – tłumaczyliśmy. – Kiedy się otwiera, to znaczy...

– Że jest gotowy! – domyślił się. – Nie miałem o tym pojęcia.

Stłoczyliśmy się wokół otwartej skrzyni.

– Co robimy?

– Nie chcecie chyba stracić takiej okazji? – Spojrzał na nas z błyskiem w oku. – Przeniesiemy się wszyscy razem, musimy tylko chwycić się za ręce!

Hugo położył dłoń na otwartym wieku.

Zamknęłam oczy, ale nie działo się nic.

– Co teraz? Co teraz? – wydusiła z siebie Olga.

– Ciiiii… – uciszył ją Hugo. – Musisz poczuć zawroty głowy.

Powiedział to z taką pewnością, jakby to była standardowa procedura wszelkich podróży w czasie. W tym samym momencie Ada ścisnęła mocno moją rękę. Nagle poczułam, jak dociera do mnie potężny podmuch. Gdyby nie to, że byliśmy ściśnięci, z pewnością przewróciłabym się na plecy. Huśtało na wszystkie strony, aż zrobiło mi się niedobrze.

– Udało się! Udało! – dobiegły mnie radosne głosy.

Odważyłam się uchylić powieki.

Naprawdę byliśmy w Breslau! Uściskaliśmy się z radości! Spełniło się nasze marzenie!

– Czy wy też czujecie to kołysanie? – zdziwiła się Ada.

– Przecież jesteśmy na statku! – Adam się roześmiał. – Trochę musi kołysać!

Faktycznie. Znaleźliśmy się na pokładzie statku wycieczkowego, który właśnie odbijał od brzegu. Przystań znajdowała się w tym samym miejscu co zawsze, w pobliżu Hali Targowej, a po drugiej stronie rzeki rozciągał się Ostrów Tumski, wyspa wielu kościołów, których wieże dumnie wznosiły się aż pod niebo.

– Ależ wspaniała przygoda! – zawołał Hugo i podskoczył do góry z radości.

– Gdzie twoja laska? – zmartwiła się Ada.

– Zapomniałaś? Podczas podróży w czasie moja noga w magiczny sposób się wydłuża. Teraz nie potrzebuję laski!

– Za to wyglądasz bardzo szykownie! – z podziwem doceniła Olga.

Hugo miał na sobie jasny garnitur, a na głowie słomkowy kapelusz z niewielkim rondem. Mucha zawiązana pod jego szyją była uszyta z tego samego materiału co kamizelka schowana pod marynarką.

– Szkoda, że Gertruda nie może mnie teraz zobaczyć! – Hugo ukłonił się lekko.

Za to kiedy spojrzałyśmy na chłopaków, nie mogłyśmy się powstrzymać od śmiechu. Mieli na sobie białe koszule i kamizelki, a na nogach spodnie do kolan.

– Widziałyście te szelki? – chichotała Ada.

– Ja jestem fanką czarnych trzewików! – dołączyła do niej Olga.

– Takie jesteście mądre? Lepiej popatrzcie na siebie! – powiedział Maks.

No tak. Wcale nie było nam do śmiechu. Zostałyśmy uwięzione w ciasnych sukienkach, zapinanych wysoko pod szyją.

– Buty mamy niemal identyczne! – z satysfakcją zauważył Adam.

– Za to my mamy ładniejsze fryzury! – zachwyciłam się warkoczami Olgi.

– Wyglądacie po prostu uroczo! – podsumował Hugo, podając ramię Adzie. – Panowie! Zadbajcie o swoje koleżanki. Pójdziemy poszukać wygodnego miejsca na podróż.

Na tym eleganckim statku nawet deski pokładowe zostały wyszorowane do białości. Wszystkie metalowe elementy pomalowano na biało i tylko ławki wyróżniały się kolorem naturalnego drewna. Hugo zaprowadził nas na rufę, gdzie nie było zbyt wielu pasażerów i mogliśmy spokojnie porozmawiać. Oparliśmy się o barierkę, a wtedy wyciągnął z kieszeni chusteczkę i otarł oczy mokre od łez.

– Nawet nie marzyłem o tym, że jeszcze kiedyś zobaczę to miasto! – powiedział z wielkim przejęciem.

– My też! – Przytuliliśmy go mocno.

Pogoda była przepiękna. Na niebie ani jednej chmurki, słońce świeciło jasnym blaskiem, a od rzeki chłodził nas przyjemnie rześki wiaterek.

– Ciekawe, dokąd płyniemy? – zaciekawił się Leon.

– Mam pewne przypuszczenia, o ile dzisiaj jest niedziela – odpowiedział tajemniczo Hugo, ale nie chciał nam więcej powiedzieć.

– Zobaczycie, jak dopłyniemy, na razie podziwiajcie widoki!

Statek niespiesznie przepływał pod mostami, oddalając się od centrum miasta.

– Jak tu pięknie!

– Wszystko jest tak zadbane! – podchwyciła Ada i zwróciła się do Hugona. – W Breslau naprawdę było tak czysto?

– Niemcy uwielbiają porządek – odpowiedział. – Jesteśmy znani z zamiłowania do sprzątania.

– Przydałoby nam się takie podejście – westchnęła Olga. – Widzicie? Nie tylko mnie bałagan przeszkadza!

– Może masz niemieckich przodków? – roześmialiśmy się.

– Będę musiała sprawdzić!

Płynęliśmy dłuższą chwilę, napawając się pięknym krajobrazem. W końcu silniki przestały pracować, a statek powoli przybliżał się do nabrzeża.

– Teraz jestem już pewien, że dzisiaj jest niedziela! – zawołał podekscytowany Hugo. – Jaka cudowna niespodzianka!

– Gdzie jesteśmy?

– Co to za miejsce?

– Établissement![32] – powiedział z dumą Hugo. – Miejsce naprawdę dobrej zabawy. Chodźmy, chciałbym jak najszybciej zejść na ląd.

Nie tylko nam spieszno było do wyjścia. Przy burcie stały podekscytowane dzieci i wymieniały chórem kolejne atrakcje, które wyłaniały się zza drzew.

– *Das Karussell!*[33].

– *Kinderspielplatz!*[34].

– *Das Pferde!*[35].

– Kiedy byłem dzieckiem, spędzaliśmy tutaj każdą niedzielę. Zaraz po nabożeństwie wsiadaliśmy na statek i płynęliśmy do Établissement całą rodziną.

---

[32] W języku francuskim dosłownie „przedsiębiorstwo". Tereny rozrywkowo-rekreacyjne umieszczane na przedmieściach, najczęściej w pobliżu rzeki. Établissement było otoczone parkiem, w którym lokowano wiele atrakcji dla gości w różnym wieku. W przedwojennym Wrocławiu istniało około osiemdziesięciu takich miejsc.

[33] Karuzela.

[34] Plac zabaw.

[35] Koń.

– Czy my przypadkiem nie jesteśmy już za duzi na takie rozrywki? – Olga wydęła pogardliwie usta, ale Hugo tylko się roześmiał.

– Nie będziesz chciała stąd wyjść!

Nareszcie statek dobił do pomostu, a marynarze przywiązali cumy do słupków. Chwilę później trap został opuszczony i pierwsi podróżni zeszli na brzeg.

– Wasza kolej, chłopcy! – wydał komendę Hugo.

Leon podał mi ramię, Maks Adzie, a Adam Oldze. Jako ostatni zszedł Hugo. Był taki szczęśliwy, że znów podskoczył radośnie, przez co omal nie wpadł do rzeki. Chłopcy złapali go w ostatniej chwili, a on nie mógł przestać się śmiać. – Tydzień w tydzień potykałem się o trap, zawsze w tym samym miejscu!

Wreszcie udzieliła nam się jego beztroska. Z Hugonem czuliśmy się w Breslau bardzo bezpiecznie, przestaliśmy się zastanawiać nad tym, co się może za chwilę wydarzyć.

Tak naprawdę liczył się tylko on.

– Jesteście gotowi? – zapytał. A kiedy kiwnęliśmy głowami, powiedział uroczyście: – Witam was w najlepszym Établissement w całym Breslau!

– Święta prawda! – potwierdził kasjer i podał nam bilety. – Jeden normalny i sześć ulgowych, nie mylę się?

– Będziecie moimi gośćmi. – Hugo wyciągnął z kieszeni portfel, zapłacił i weszliśmy na teren parku.
– Skąd wiedziałeś, że masz przy sobie portfel?
– Z przedwojennymi banknotami?
– Nie wiedziałem. Byłem jednak pewien, że kufer nie zrobiłby nam tak okrutnego żartu.
– Muszę cię jednak o to zapytać. Czy nigdy nie miałeś żalu o to, że historia potoczyła się tak, a nie inaczej? – zwróciłam się do niego.
– Mogłeś nadal mieszkać w Breslau…
– Wtedy nigdy byśmy się nie poznali! – Hugo nie miał wątpliwości.
– No tak. Ale czy nie żałujesz, że musiałeś stąd wyjechać?
– To się po prostu zdarza. Nie mamy wpływu na to, co życie nam niesie. Gdyby nie to, nigdy nie zamieszkałbym na wyspie, nie poznałbym nowych ludzi ani miejsc. Ja naprawdę jestem szczęśliwy i dziękuję za wszystko, co mnie spotkało. Mnie i moje miasto.
– Wrocław jest absolutnie wyjątkowy!
– I ma niesamowitą historię!
– Którą można dobrze poznać dzięki podróżom w czasie. – Hugo energicznie wytarł nos, po czym chwycił nasze dłonie. – Dosyć tych wzruszeń! Dzisiaj będziemy się tylko dobrze bawić! Nie zmarnujemy tak pięknego dnia!

– Bardzo przepraszam, ale czy możemy najpierw poszukać czegoś do jedzenia? – Leon spojrzał błagalnie. – Okropnie jestem głodny!

– Zupełnie o tym nie pomyślałem! Pójdziemy na obiad do restauracji! – Hugo ruszył pewnym krokiem przed siebie, a my podreptaliśmy za nim.

Restauracja znajdowała się w reprezentacyjnym budynku, nad samym brzegiem Odry.

– Znam to miejsce! – Maks przyglądał się badawczo. – Ten budynek przetrwał do naszych czasów.

– To chyba jedyny ślad po Établissement. Wielka szkoda!

Zajęliśmy miejsca na tarasie z widokiem na przystań i rzekę.

Musieliśmy poprosić Hugona o pomoc przy wyborze dań. Miały tak wymyślne opisy, że trudno je było zrozumieć. Do picia zamówiliśmy lemoniadę, tylko Hugo poprosił o piwo.

– Mój tato je uwielbiał. Kiedy byłem dzieckiem, obiecałem sobie, że jak już dorosnę, też go spróbuję. Nie sądziłem jednak, że tak długo będę musiał na to czekać! – Uśmiechnął się i wypił pierwszy łyk.

– Czy twojemu tacie udało się wrócić? – zapytał ostrożnie Adam.

– Niestety, nie. Zginął w ostatnim roku wojny. Mama długo na niego czekała, ale w końcu przyszedł list z Czerwonego Krzyża. Poległ w walce.

– A co stało się z Hannah?

– Niewiele z czasów wojny pamięta, była zbyt mała. Najbardziej związana jest z Lubeką, której nigdy na dłużej nie opuściła. Breslau niewiele dla niej znaczy. Nie ma stąd zbyt wielu wspomnień.

Chwilę później pojawił się kelner z parującymi talerzami. Zajęliśmy się jedzeniem, które było naprawdę bardzo smaczne, jednak porcje były tak ogromne, że nie udało mi się zjeść nawet połowy.

– Jestem pod wrażeniem – powiedział Leon i odsunął od siebie pusty talerz. – Rzadko kiedy wstaję od stołu tak najedzony!

– A te kluski! – dodał Adam. – Poezja!

– Smaki mojego dzieciństwa. Nie macie pojęcia, jak bardzo za nimi tęskniłem! – Hugo z lubością wycierał talerz kawałkiem chleba.

Po obiedzie przeszliśmy do drugiej części budynku, w której mieściła się kawiarnia. Rozsiedliśmy się w wygodnych fotelach, a Hugo zamówił dla wszystkich czarną kawę.

– Pomoże wam w trawieniu i doda energii. Musicie mieć dużo sił, żeby ze wszystkiego skorzystać, bo niektórzy już wyglądają, jakby szykowali się do snu! – Hugo spojrzał na Adama, który zwijał się w kłębek.

– Aż tak to widać? – Zaskoczony Adam spojrzał na nas oczami maleńkimi jak szparki.

– Widać, widać! – roześmialiśmy się.

Dopiero kiedy nieco odpoczęliśmy, Hugo poprowadził nas do parku. Podążaliśmy za dźwiękami muzyki, w muszli koncertowej właśnie rozpoczynał się koncert. Na niewielkiej scenie już ustawiały się pierwsze pary.

– Muzyka taneczna, nic specjalnego! – określił Hugo. – A może wy lubicie tańczyć?

– Nie bardzo umiemy – przyznaliśmy się. – Nikt nas tego nie uczy.

– Co za niedopatrzenie! Za moich czasów taniec towarzyski był przedmiotem obowiązkowym! – westchnął Hugo.

Poszliśmy dalej, a na kolejnej polanie zauważyliśmy teatrzyk kukiełkowy. Kurtyna była wciąż opuszczona, ale mali widzowie zajmowali już miejsca.

– Najpierw wystawią teatr dla dzieci, a wieczorem spektakl dla dorosłych – wyjaśnił Hugo. – Jeśli zdążymy, możemy tu później wrócić.

Następnie minęliśmy duży plac zabaw i dotarliśmy do zakątka z fontanną i sadzawką, w której pływały kolorowe rybki. Zaraz za nią znajdowała się przeszklona palmiarnia pełna egzotycznych roślin.

Dalsza część parku zagospodarowana była na różnego rodzaju rozrywki sportowe. Najwięcej miejsca zajmował owalny tor do wyścigów rowerowych. Wokół toru rozstawiono barierki, a publiczność zajmowała już najlepsze miejsca. Hugo zerknął na plakat, na którym wypisano godziny wyścigów i dystans, jaki mieli do pokonania zawodnicy.

– Chcecie obstawić zakład? Może uda się coś wygrać?

– Jak na wyścigach konnych? – zapalił się Maks.

– Nie są to duże sumy, ale warto spróbować. Musimy szybko wypełnić kupony, zaraz rozpocznie się wyścig!

– Uwielbiam szybką jazdę na rowerze! – powiedziałam, kiedy oparliśmy się o barierkę.

– W tych czasach na pewno wywołałabyś niezły skandal! – roześmiał się Hugo, a mnie zrzedła mina. – Wiele rozrywek wciąż zarezerwowanych jest tylko dla mężczyzn.

– Ruszyli!!!

Zawodnicy mieli do przebycia trzy okrążenia. Początkowo jechali zwartym szykiem, ale już po drugim nawrocie widać było, kto ma szanse na zwycięstwo. Faworytem publiczności był Emilio, wszyscy skandowali jego imię.

– Postawiłem na niego! Postawiłem! – Hugo cieszył się jak dziecko.

– A ja na Aleksandra, tak mnie zawiódł! – Ada była ogromnie rozczarowana.

Ten zawodnik nie miał żadnych szans. Pedałował na szarym końcu, walcząc tylko o ukończenie wyścigu.

– Emilio! Emilio! – wyrywało się ze wszystkich gardeł, nam też udzieliło się to zbiorowe szaleństwo.

Nie było innej możliwości. Emilio musiał wygrać.

– Pierwszy raz postawiłem na właściwego zawodnika! – Hugo nie dowierzał własnemu szczęściu. – Zostajemy na kolejny wyścig?

– My chyba nie nadajemy się do hazardu. – Adam nie potrafił ukryć zawodu. – Poszukajmy czegoś innego!

– Niech będzie! Odbiorę wygraną, a potem zaprowadzę was do mojej ulubionej części parku.

Po drodze minęliśmy ławeczkę, na której przysiadł kataryniarz. Starszy pan niespiesznie kręcił korbką instrumentu, ożywił się dopiero na nasz widok. Zachęcał do kupienia losów, z których dowiedzielibyśmy się, co nas czeka w przyszłości. Hugo sięgnął po portfel, ale powstrzymaliśmy go.

– Nie trzeba!

– Tego, co do tej pory przeżyliśmy, i tak nikt by nam nie wywróżył!

Miejsce, do którego przyprowadził nas Hugo, przypominało wesołe miasteczko – były tam różnego rodzaju karuzele i kolejki górskie. Zauważyliśmy gabinet krzywych zwierciadeł i pałac magicznych sztuczek. Namawialiśmy Hugona, żeby razem z nami skorzystał ze wszystkich atrakcji, jednak on wolał odpocząć, siedząc na ławce.

– Spędziłem tu dostatecznie dużo czasu, kiedy byłem dzieckiem. Teraz nie sprawia mi to już przyjemności. Na karuzeli od razu zaczyna mnie boleć głowa, a kolejki górskiej zwyczajnie się boję.

– Może ja też zostanę? – podchwyciła Olga.

– Dalej, chodź z nami! Choć raz możesz się powygłupiać, nikt nas tu nie zna! – przekonywaliśmy.

– Absolutnie powinnaś z nimi pójść – poparł nas Hugo. – Pamiętaj, raz się żyje!

– No, dobrze! Na pewno będzie mi bardzo niewygodnie! – dodała jeszcze, ale dała się namówić.

Bawiliśmy się świetnie, zapominając o upływie czasu. Chcieliśmy zaliczyć każdą karuzelę, wsiąść do każdego wagonika. Wreszcie Hugo nas odszukał. Znudziło go czekanie i trochę już zgłodniał. My zresztą też. Posililiśmy się świeżymi bułeczkami drożdżowymi, napiliśmy się soku i odzyskaliśmy siły.

Teraz Hugo poprowadził nas szeroką aleją, obsadzoną rozłożystymi drzewami, którą doszliśmy do labiryntu utworzonego z żywopłotu.

– Ale fajnie! – ucieszyła się Ada. – Zawsze chciałam spróbować!

– Proponuję, żebyśmy wchodzili po kolei, tak żeby każdy miał szansę znaleźć wyjście – powiedział Leon.

– Świetny pomysł! – przyklasnął Hugo.

Nie potrzebowaliśmy zbyt wiele czasu na to, żeby się zgubić. Słyszeliśmy swoje kroki, mogliśmy się porozumiewać, ale za nic nie mogliśmy się spotkać, nie mówiąc już o odnalezieniu wyjścia. Znów Hugo przyszedł nam z pomocą. Nie dość, że odszukał wszystkich po kolei, to jeszcze sprawnie wyprowadził nas z labiryntu.

– Tyle lat minęło, a ja wciąż pamiętam, jak się poruszać po tych ścieżkach! – powiedział z satysfakcją.

W tej części parku stały wygodne ławeczki i stoliki. Niewielki strumyk wił się wśród zieleni, a nad nim przerzucono drewniane mostki, romantycznie wygięte w łuk. Pośrodku, na niewielkim wzniesieniu stała okrągła altanka, nakryta spadzistym daszkiem.

– Kiedyś schowaliśmy się tutaj przed okropną burzą. – Hugo rozejrzał się i westchnął. – Moje najlepsze przygody wydarzyły się właśnie tutaj. Tęskniłem za Breslau, to prawda. Ale moje wspomnienia to właśnie Établissement. Nie mogłem pogodzić się z tym, że już nigdy go nie zobaczę.

– Szkoda, że nie przetrwało do naszych czasów!

– A tak wiele ich było… Niemal w każdej dzielnicy, choć te położone nad Odrą zawsze były najlepsze.

– A my mamy tylko jeden dzień! – jęknęła Olga.

– I kto to mówi! – roześmialiśmy się.

– Byłbym zapomniał! – przypomniał sobie po chwili Hugo. – Mają tu najlepsze lody w całym mieście! Musicie koniecznie spróbować!

Lodziarnia mieściła się po przeciwnej stronie parku, a my byliśmy coraz bardziej zmęczeni. Na szczęście mogliśmy skorzystać z rikszy i za niewielką opłatą zostaliśmy przewiezieni wokół całego Établissement.

Powoli zapadał zmierzch. Na piechotę wróciliśmy do restauracji, w której jedliśmy obiad. Choć nie byliśmy głodni, daliśmy się namówić na smażone kiełbaski.

– Chodźmy na taras! – poganiał nas Hugo.

Chwilę później, nad różowym wciąż niebem rozbłysły pierwsze fajerwerki. Hugo trącał nas za każdym razem, kiedy kolorowe iskierki pojawiały się na tle ciemniejącego nieba. Jego radość była zaraźliwa, nigdy wcześniej sztuczne ognie nie sprawiły mi takiej przyjemności. Kiedy ostatnia raca zgasła, na tarasie zrobiło się całkiem ciemno. Wtedy zabrzmiała syrena okrętowa, kapitan poganiał ostatnich gości do powrotu na statek.

Rzeka migotała połyskliwie, a światła lampek zawieszonych na burtach odbijały się w jej ciemnych odmętach. Ostrożnie wchodziliśmy na trap, a kiedy miałam już postawić nogę na pokładzie, nagle poczułam, że osuwam się w ciemność. Krzyknęłam cicho, a potem zakręciło mi się w głowie. Po chwili wszyscy znaleźliśmy się w przedsionku.

– Szkoda! – jęknęłam cicho.
– Wielka, wielka szkoda!

Jedynie Hugo wyglądał na zadowolonego. Radośnie pogwizdując, usadowił się z powrotem na kufrze.

– Nie żałujesz? – spytała Ada z niedowierzaniem.
– Nie chciałbyś tam zostać?
– Dobrze wiecie, jak wyglądały dzieje tego miasta. Trafiliśmy na piękny dzień, ale kto wie, co wy-

darzyło się później? Nie chciałbym przeżywać jeszcze raz moich wszystkich doświadczeń. Dobrze jest tak, jak jest.

Musieliśmy się z nim zgodzić. To, co najważniejsze, działo się właśnie teraz. Nie warto było tęsknić za przeszłością.

– Czeka nas jeszcze ból głowy – przypomniał Leon. – Niezbyt ciekawa perspektywa!

W tym samym momencie rozdzwoniły się nam telefony, nawet Hugo musiał odebrać. Córka martwiła się o niego, a nasze mamy poganiały do przyjścia na obiad, choć byłam pewna, że nikt z nas nie czuł jeszcze głodu.

– To był naprawdę wspaniały dzień – powiedział. – Dziękuję wam za wszystko z całego serca!

– Zobaczymy się jeszcze? – zapytała Olga z nadzieją.

– Jutro z samego rana muszę wracać na moją wyspę. – Hugo pokręcił głową. – Nie chcę zostawiać Gertrudy na dłużej.

– Nie masz ochoty na spacer po Wrocławiu?

– Dobrze wiem, jak wygląda. To miasto na zawsze pozostanie w mojej pamięci. Przyjechałem tu tylko dla was.

– Nie zapomnij o notesie! – powiedziała Olga drżącym głosem.

– Obiecuję, że przetłumaczę wasze wpisy. Choćbym miał sprawdzać słowo po słowie. – Hugo patrzył nam głęboko w oczy. – Dziękuję. Poznanie was było ogromnym zaszczytem i przyjemnością.

– To my dziękujemy! Za pamiętnik, za Breslau i za wszystko!

Przytuliliśmy się do tego kruchego staruszka i długo nie chcieliśmy wypuścić go z objęć.

– Na mnie już czas. – Uścisnął nasze dłonie. – Natalio, Leonie, Ado, Adamie, Maksie i Olgo, do zobaczenia.

Odprowadziliśmy Hugona do taksówki, a potem niespiesznie rozeszliśmy się do domów. Leon szedł ze mną i z Olgą. Milczeliśmy przez całą drogę. Czułam się rozbita. Zaczynała mnie boleć głowa i strasznie chciało mi się płakać.

– Dlaczego Hugo nie chciał z nami zostać? – wyjęczałam z żalem.

– Za szybko to minęło! – przytaknęła Olga.

– Zbyt wiele wrażeń jak na jeden dzień. Hugo męczy się o wiele szybciej niż my.

– Myślisz, że jeszcze kiedyś go spotkamy? – Otarłam łzy z policzków.

– Obawiam się, że nie przyjedzie już do Wrocławia – odpowiedział Leon ostrożnie. – W jego wieku taka wyprawa nie jest bezpieczna. Możemy pisać do jego córki, tylko o czym? Po wakacjach przedsionek będzie otwarty dla wszystkich, a kufer... Nie jesteśmy w stanie go stamtąd zabrać.

– Już nigdy nie przeniesiemy się w czasie – wyszeptałam i umilkłam, bo żal ściskał mi gardło.

Rozstaliśmy się przed moim domem, a kiedy weszłam do pokoju zapłakana, rzuciłam się na łóżko. Mama była pewna, że to przez Leona. Nie wyprowadzałam jej z błędu. Potrzebowałam jedynie ciszy i spokoju.

Spałam twardo przez kilka godzin, a kiedy obudziłam się w środku nocy, postanowiłam jednak przebrać się w piżamę. Przemyłam opuchniętą od płaczu twarz zimną wodą, a potem wzięłam prysznic. Wróciłam do swojego pokoju i otworzyłam szeroko okno. Patrzyłam na niebo, zbyt jasne od świateł lamp ulicznych, żeby można było zobaczyć gwiazdy. Oddychałam głęboko i nagle poczułam ogromny spokój. Byłam wdzięczna losowi za spotkanie z Hugonem i za to, że mogliśmy się razem przenieść do Breslau.

Wciąż żałowałam, że nigdy więcej go nie spotkamy i że podróże w czasie raczej nam się już nie przydarzą. Miałam jednak pewność, że wszystko to, co nam się przez ten rok przytrafiło, na zawsze pozostanie w mojej pamięci.

# EPILOG

W ostatnim dniu szkoły, zaraz po tym, jak odebraliśmy świadectwa, zameldowaliśmy się w gabinecie dyrektora naszego gimnazjum.

– To dla pana. Klucze, które otwierają drzwi od strony ulicy Reja. – Wyciągaliśmy je po kolei i kładliśmy na biurku.

– Nie trzeba będzie wyłamywać zamka.

– Skąd je macie? Skąd o tym wiecie? – Dyrektor wpatrywał się w nas zdumiony.

– Mamy tylko jedną prośbę. Znajdzie pan tam przedwojenne podręczniki. Nie chcielibyśmy, żeby trafiły na makulaturę.

– I mapy – dodał Adam. – Mapy też są bardzo cenne.

– Jeszcze coś. Pod ścianą stoi kufer… – Zaczęłam mówić, ale w tym momencie rozdzwoniły się obydwa telefony, a do gabinetu weszła sekretarka.

– Później panu powiem. Niech pan nie wyrzuca tego kufra! – rzuciłam tylko na pożegnanie.

Pierwszego września spotkaliśmy się przed szkołą. Weszliśmy do środka nowym wejściem. Przedsionek pachniał świeżością, a ściany były czyste. Pachniało nową farbą. Odruchowo spojrzałam na miejsce, w którym kiedyś stał kufer.

– A jednak im się udało! – Poczułam żal i dziwne ukłucie w sercu.

– Stracili szansę na podróże w czasie – zasmuciła się Ada.

Ledwo weszliśmy na pierwsze piętro, od razu natknęliśmy się na dyrektora.

– Jesteście w końcu! Chodźcie ze mną – powiedział i zaprowadził nas prosto do swojego gabinetu.

Od razu go zauważyliśmy.

Stał pod oknem.

Odświeżony i wyczyszczony.

Kufer wspaniale się prezentował w nowym miejscu.

– Wszystko było dokładnie tak, jak mówiliście. Znaleźliśmy w składziku przedwojenne książki i mapy. Podręcznikami zainteresowała się biblioteka, przeznaczą dla nich specjalną półkę. Cały czas zastanawiamy się, jak wykorzystać mapy – być może niektóre z nich zawiesimy na korytarzach w naszej szkole. To bardzo cenne znaleziska. Dobrze, że od razu o nich powiedzieliście.

– Wspaniale! Dziękujemy!

– Mam tylko problem z tym kuferem. Chciałem w nim przechowywać dokumenty, ale nikt nie potrafi go otworzyć. Macie może do niego klucz?

– Niech pan na niego uważa – powiedział Maks z naciskiem. – To nie jest zwykły mebel.

– Myślicie, że się nie znam? – Dyrektor prawie się obraził. – Wiecie, ile czasu spędziłem na renowacji? Dopiero teraz widać jego cały urok!

– Nie o to chodzi... – Urwałam w pół zdania, bo Ada kopnęła mnie w kostkę.

– Ten kufer jest bardzo kapryśny. – Leon uratował sytuację. – Zamek ma bardzo czuły mechanizm, reaguje nawet na niewielkie zmiany pogody.

– Mówicie więc, że w końcu uda mi się go otworzyć? – Spojrzał na nas z nadzieją.

– Z pewnością! – przytaknęliśmy chórem.

– Gdyby kiedyś rozbolała pana głowa, ale tak naprawdę bardzo mocno – zaplątała się Olga. – Zresztą, nieważne! Będzie pan z niego zadowolony.

– Dziękuję! – odpowiedział zbity z tropu dyrektor, a my czym prędzej uciekliśmy na korytarz.

Tego samego dnia dowiedzieliśmy się o projekcie gimnazjalnym, nad którym będziemy pracować przez cały rok szkolny. Temat projektu był dowolny, ważna była praca w grupie pod kierunkiem wybranego nauczyciela.

Gdy tylko wychowawczyni zakończyła lekcję, pobiegliśmy do historyczki. Przedstawiliśmy jej nasz pomysł – w projekcie chcieliśmy się skupić na pokazaniu losów Wrocławia poprzez historię wybranych budynków, które przetrwały do naszych czasów. Nauczycielka zgodziła się bez zastrzeżeń.

– To będzie świetny projekt! Nie zapomnijcie o naszej szkole, ona też powstała przed wojną! Będziecie potrzebować dobrego tytułu dla waszej pracy, ale nad tym możecie pomyśleć później.

– Nazwę też już mamy. – Uśmiechnęliśmy się, a Leon napisał wielkimi literami na tablicy:

## PROJEKT BRESLAU

# *Podziękowania*

*Projekt Breslau* powstał dzięki wsparciu i pomocy wielu osób. Chciałabym wszystkim podziękować – doceniam ogromnie Wasze zaangażowanie i czas, który mi poświęciliście.

Pani profesor Grażynie Pańko z Instytutu Historii Uniwersytetu Wrocławskiego za wnikliwą recenzję mojej książki. Pani Marzenie Smolak z Muzeum Miejskiego miasta Wrocławia za poświęcony czas i wiedzę, którą zechciała się ze mną podzielić. Bogni i Piotrowi Oszczanowskim za polecenie książek, które poszerzyły moją perspektywę. Agacie Gwadera-Urlep za niespożytą energię. Emilii Mądreckiej za życzliwość.

Osobom z Niemieckiego Towarzystwa Społeczno–Kulturalnego, a zwłaszcza pani Edeltraut Bartsch, której przeżycia z czasów wojny były bezpośrednią inspiracją do opisania przeniesienia Natalii. Gronu Nauczycielskiemu i całej Społeczności Gimnazjum numer 13 we Wrocławiu – Wasza szkoła była pierwszą i najsilniejszą inspiracją do pisania. Aleksandrze Urbańczyk za wyłapanie wielu nieścisłości. Dorocie Paśkiewicz-Sadowskiej i jej mężowi za podzielenie się wiedzą historyczną. Beacie Andrzejczuk za to, że dodała mi energii do pracy. Agnieszce Małek, Klaudii Muc, Ani Kostyrze, Klaudii Maciaszek, Kamili Kasperowicz, Emilii Warmińskiej, Kasi Kozakiewicz – Wasze pozytywne opinie dodały mi skrzydeł.

Panu Stefanowi Stercowi za wsparcie. Bez Pańskiej pomocy wiele moich pomysłów pozostałoby w sferze marzeń.

Jestem niezmiernie wdzięczna wydawnictwu BIS – Wasza energia do działania i chęć współpracy zachęcają mnie do pisania.

Wojtek, Ida i Maja – dziękuję za wszystko.

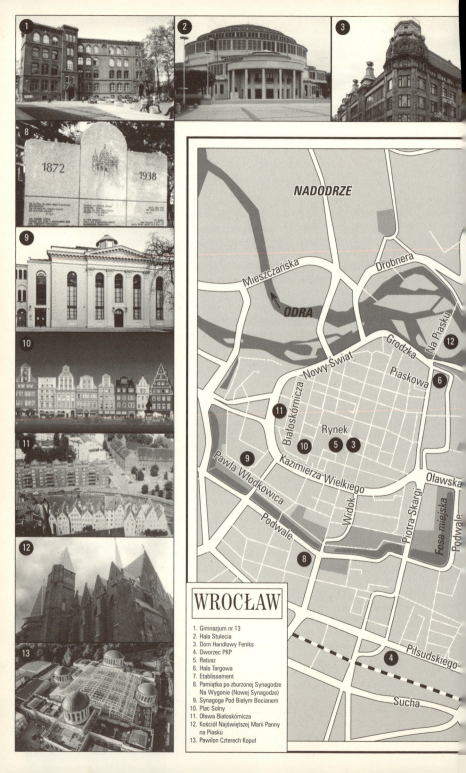

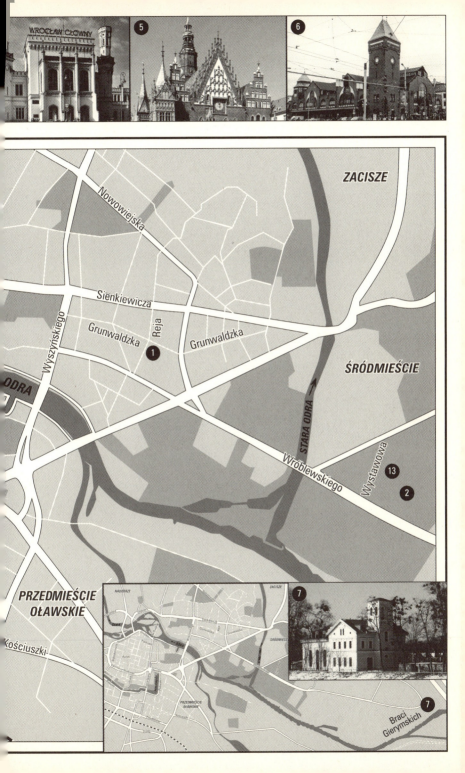

*Zapraszamy do naszej księgarni internetowej*
**www.wydawnictwobis.com.pl**